Chouette

5e

12-13 ANS

W0376048

Anglais

Nicole Nemni-Nataf
Corinne Touati

ISBN : 978-2-401-05122-5

Hatier

Ton parcours de révision

Commence par faire le test pour te situer. Coche la case ☐ quand tu as révisé un chapitre.

LA PHRASE

Les outils complémentaires

Le Guide Chouette .... au centre du cahier

- **Tous les CORRIGÉS des exercices, avec des explications**
- **Des informations « spécial parents »**
- **Les scripts des podcasts audio**
- **Les tableaux récapitulatifs de grammaire**
- **La liste des verbes irréguliers**

Pour t'entraîner à l'oral

- **Retrouve les RESSOURCES AUDIO signalées par 🎧 et téléchargeables sur www.editions-hatier.fr**

• Des PODCASTS AUDIO pour t'entraîner en compréhension orale (voir le Guide Chouette p. 17)

• Des corrigés d'EXERCICES SONORISÉS

- **Comment procéder ?**

Tape « Chouette Anglais 5e » et, dans la fiche article, clique sur « Ressources gratuites ».

Édition : Lorem Ipsum
Maquette : Frédéric Jély, Primo & Primo
Illustrations : Adrien Siroy, Roland Garrigue, Sylvain Frécon
Mise en pages : Ici et ailleurs

TEST

1. Réponds aux questions du test.
2. Vérifie chaque réponse à l'aide du corrigé page 2 dans le livret détachable.
3. Si ta réponse n'est pas juste, entoure le n° de l'unité : elle t'aidera à comprendre tes erreurs.

LE GROUPE NOMINAL

UNITÉ

1. Coche les mots qui sont toujours au pluriel (et qui s'emploient avec *are*). — 1 p. 6

☐ hair ☐ police ☐ people ☐ trousers

2. Complète cette phrase avec les articles : *a, an, the* ou ø. — 2 p. 8

.... man over there is . ... engineer.

He speaks .... Italian and plays .... tennis.

He thinks that .... England is .... beautiful country.

3. Tu veux dire que tu n'as pas le temps. Comment le diras-tu ? — 3 p. 10

I ....

4. Place *many* ou *much* devant ces noms. — 4 p. 12

a. .... people b. .... money c. .... bread d. .... books

5. Léo possède des rollers. Comment les désignes-tu ? — 5 p. 14

☐ his roller skates ☐ its roller skates ☐ her roller skates

6. Tu veux savoir à qui appartient le stylo (*pen*) que tu as trouvé. — 6 p. 16

Tu demandes : .... ?

***7. She is waiting for her children.* Par quoi peux-tu remplacer *her children* ?** — 7 p. 18

☐ her ☐ his ☐ them

8. Mets ces mots dans le bon ordre. — 8 p. 20

dark / a / car / blue / beautiful

→ ....

9. Donne les comparatifs de supériorité des adjectifs suivants. — 9 p. 22

good : .... bad : .. .. far : ....

10. Mets ces mots dans le bon ordre pour construire une question. — 10 p. 24

interested / are / what / you / in

→ .... ?

LE GROUPE VERBAL

UNITÉ

11. Pour dire que tu as froid, tu dois dire : — 11 p. 26

☐ I have a cold. ☐ I am cold. ☐ I had a cold. ☐ I was cold.

12. Tu veux dire à un ami anglais que tu n'as pas pris ton petit déjeuner à la maison. Que diras-tu ? — 12 p. 28

....

13. Tu proposes à un camarade de regarder un DVD. Quel auxiliaire convient ? — 13 p. 30

☐ Shall ☐ May ☐ Must we watch a DVD?

14. **Tu n'as pas besoin de ranger ta chambre aujourd'hui. Comment le diras-tu ?**

☐ I must tidy my room. ☐ I mustn't tidy my room.

☐ I don't have to tidy my room. ☐ I have to tidy my room.

14 p. 32

15. **Tu n'es pas d'accord avec ce que tu entends. Dis-le en employant la forme négative.**

His new camera takes good photos.

→ ....

15 p. 34

16. **Tu veux dire qu'en ce moment tu lis un très bon livre. Complète la phrase :**

I .... a very good book.

16 p. 36

17. **Trouve le mot manquant dans la question suivante.**

.... he like playing tennis?

☐ Do ☐ Is ☐ Does ☐ Don't

17 p. 38

18. **Trouve une réponse logique à la question suivante.**

What did you buy in New York?

☐ I brought sunglasses. ☐ I bought sunglasses. ☐ I broke sunglasses.

18 p. 40

19. **Quelle est la fin de la phrase suivante ?**

He wasn't at home…

☐ when his friends arrived. ☐ when he'll arrive. ☐ when his friends come.

19 p. 42

20. **Voici la réponse ; trouve la question.**

– No, I won't.

☐ – Are you on the train? ☐ – Do you live in Scotland?

☐ – Will you go to Jane's party? ☐ – Don't you like it?

20 p. 44

21. **Propose à des amis de jouer au Monopoly en employant un impératif.**

....

21 p. 46

22. **Comment dirais-tu à ton camarade que cela ne te dérange pas de l'aider ? (Utiliser le verbe *help*.)**

I ....

22 p. 48

23. **Remets ces mots dans le bon ordre.**

much / little / my / likes / sister / very / football / .

→ ....

23 p. 50

LA PHRASE

UNITÉ

24. **Tu commences à t'impatienter dans la voiture. Demande à tes parents combien de temps il faut pour aller à la plage.**

→ ....

24 p. 52

25. **Mina n'est pas très sûre de ce qu'elle affirme. Ajoute un tag de demande de confirmation.**

The children wrote to their parents, ...

25 p. 54

26. **Laquelle de ces phrases est exclamative ? Ajoute la ponctuation :**

☐ How tall is he ☐ How tall he is

26 p. 56

27. **À partir de ces deux phrases, construis-en une seule avec une subordonnée relative.**

I went to a concert. It was terrific.

→ ....

27 p. 58

1 Les noms

La formation du pluriel des noms

- En général, on forme le pluriel des noms (dénombrables) **en ajoutant un *s*** au singulier.
Cependant, certains noms forment leur **pluriel en *-es***, selon les règles suivantes.

Noms terminés par *-s*, *-sh*, *-ch*, *-x*, *-z*	Quelques noms terminés par *-o*	Noms terminés par consonne + *-y*	Noms terminés par *-f*, *-fe*, *-lf*
a dress → dress*es* a match → match*es* a box → box*es*	a potato → potato*es* a tomato → tomato*es*	a lady → lad*ies* a baby → bab*ies* a story → stor*ies*	a leaf → *leaves* a knife → kni*ves* a shelf → shel*ves*

- Certains noms ont des **pluriels irréguliers** qu'il faut retenir.

a child → ***children*** *a foot* → ***feet*** *a man* → ***men***
a penny → ***pence*** *a tooth* → ***teeth*** *a woman* → ***women***

★ 1 Mets [s], [z] ou [ɪz] à côté des noms au pluriel, suivant leur prononciation.

COUP DE POUCE Quatre terminaisons se prononcent [ɪz].

1. boxes ....
2. streets ....
3. beds ....
4. potatoes ....
5. sandwiches ....
6. boys ....
7. elephants ....
8. dresses ....
9. brushes ....
10. hats ....

SCORE .... / 10

★ 2 Mets ces noms au pluriel.

ATTENTION Certains pluriels sont irréguliers. Le nom *mouse* qui fait son pluriel en *mice* en fait partie.

1. brush → ....
2. tooth → ....
3. family → ....
4. bus → ....
5. woman → ....
6. mouse → ....
7. half → ....
8. match → ....
9. penny → ....
10. foot → ....

SCORE .... /10

★★ 3 Transforme ces phrases en mettant leur sujet au pluriel.

ATTENTION Vérifie que tu n'as pas oublié de mettre les verbes au pluriel (pas de *s* en ce cas au présent simple).

1. The baby is sleeping. → ....
2. The man in the car is wearing glasses. → ....
3. The child always plays in the park. → ....
4. The knife is on the table. → ....
5. The match starts at 6. → ....
6. Is your tee-shirt clean? → ....

SCORE .... / 6

Marque du pluriel ou non ?

- Les **noms collectifs** (qui désignent un groupe de personnes) ne prennent pas de *s* ; pourtant ils se comportent comme s'ils étaient au pluriel. En voici deux exemples, mais il en existe d'autres.

people	*There **are** many people at your party.*	Il y a beaucoup de monde à ta fête.
police	*The police **are** questioning the gangster.*	La police interroge le gangster.

- Certains noms dénombrables en français correspondent à des **indénombrables en anglais**, c'est-à-dire qu'ils font référence à des choses que l'on ne peut pas compter. Ils sont invariables et sont toujours suivis d'un verbe au singulier. En voici trois exemples.

hair	*Your hair is dirty.*	Tes cheveux sont sales.
luggage	*My luggage is heavy.*	Mes bagages sont lourds.
furniture	*This furniture is modern.*	Ces meubles sont modernes.

- Note bien qu'un **vêtement « à deux jambes »** est désigné par un nom au pluriel en anglais. C'est le cas de *trousers* (pantalon), *jeans, shorts, pyjamas*.

4 Complète ces phrases avec *is* ou *are*.

1. Your trousers .... dirty.
2. .... your luggage heavy?
3. The furniture in the shop .... very expensive.
4. My sister's hair .... long and dark.
5. Some people .... walking in the park.
6. The police .... here to see you.

SCORE ..../ 6

COUP DE POUCE
Hair, luggage, furniture sont des indénombrables ; *people* est un nom collectif.

5 Comment dirais-tu que... ?

1. les bagages sont dans le hall
→ The luggage ....
2. son pantalon est neuf
→ ....
3. tes cheveux sont sales
→ My hair ....
4. ton pyjama est sur le lit
→ ....
5. il y a beaucoup de monde devant le cinéma
→ ....
6. les meubles de ma tante sont très modernes
→ ....

SCORE ..../ 6

ATTENTION
Ne te fie pas au français. Le verbe au pluriel en français pourra être au singulier en anglais, et inversement !

Corrigés p. 2

TOTAL ..../ 38

2 Les articles

L'article indéfini

- L'article indéfini *a/an* se traduit par « **un** » ou « **une** », selon le genre du nom français.
  On utilise :
  - *a* devant un nom commençant par une consonne, un *y* ou un *u* prononcé [ju] ;
    ***a** ball* *a year* ***a** university*
  - ***an*** devant un nom commençant par une **voyelle** ou un ***h*** **muet**.
    ***an** apple* *half **an** hour*
- L'article indéfini n'a **pas de forme au pluriel**. On parle d'« article zéro » (Ø).
  There are big posters in my room. Il y a de grands posters dans ma chambre.
- Note qu'il faut employer l'article indéfini devant les **noms de métiers** au singulier.
  *Philip's father is **an** engineer.* Le père de Philip est ingénieur.
  Mais si le nom de métier est au pluriel, on emploie l'« article zéro ».

★ 1 Complète avec l'article *a*, *an* ou *Ø* (pas d'article).

1. Zidane is .... football player.
2. He is wearing .... blue suit.
3. He's carrying .... yellow suitcase.
4. They're ...... engineers not ..... architects.
5. The match is starting in half .... hour.
6. This is .... American car.

SCORE ..../7

ATTENTION
L'article *a* devient *an* devant une voyelle ou un *h* muet.

L'article défini

- L'article défini *the* s'emploie devant un nom singulier ou pluriel.
  Il traduit « **le** », « **la** », « **les** ».
  ***the** father → **the** fathers* ***the** girl → **the** girls* ***the** car → **the** cars*
- *The* s'emploie devant les noms déterminés par la situation ou le contexte.
  Il **ne s'emploie pas dans les généralisations**. Compare ces deux phrases.
  I like children. J'aime les enfants. [en général]
  *Where are **the** children?* Où sont les enfants ? [ceux dont je m'occupe]
- Il ne s'emploie **pas non plus devant** :
  - les **noms de repas** ;
    Lunch is at 1 o'clock. Le déjeuner est à 1 heure.
  - les noms désignant les **jours**, les **mois**, les **saisons** ;
    I never work on Mondays. Je ne travaille jamais le lundi.
  - les noms désignant des **activités** (jeux, sports, matières scolaires) ;
    Susan plays golf. Susan joue au golf.
  - les noms de **langues** ;
    I like Spanish but I prefer English. J'aime l'espagnol, mais je préfère l'anglais.
  - les noms de **pays**.
    France is a beautiful country. La France est un beau pays.

  On emploie néanmoins *the* si le nom de pays contient un nom commun, comme ***the** United States* (les États-Unis).

2 Complète avec l'article ***the*** ou **Ø** (pas d'article).

1. He doesn't like .... oranges.
2. His brother works on .... Saturdays.
3. She loves .... music of the film.
4. My cousin lives in .... United States.

SCORE ..../4

COUP DE POUCE
Dans la phrase 3, il s'agit d'une musique précise, et non de la musique en général.

3 Comment dirais-tu que... ?

1. le dîner est à 20 heures → ....
2. le grand-père de John habite à Londres → ....
3. ta sœur est professeure d'anglais → My sister ....
4. le film commence dans une demi-heure → ....
5. il porte des chaussures rouges et un manteau vert → ....

....

SCORE ..../5

ATTENTION
On n'emploie pas d'article devant un prénom (phrase 2) : le grand-père de John se traduit par *John's grandfather*.

Quelques expressions

- Retiens ces expressions **qui ne contiennent pas l'article *the***.

to be at home (être à la maison) — *to go home* (aller à la maison)
to be in bed (être au lit) — *to go to bed* (aller au lit)
to be at school (être à l'école) — *to go to school* (aller à l'école)

4 Complète la liste des tâches d'Emily, avec ***the, a, an*** ou **Ø**.

1. Go to .... station.
2. Buy .... bus ticket.
3. Be at .... school before 9.
4. Go to .... school in .... morning.
5. Have .... lunch with Sara.
6. Do my homework in .... afternoon at .... home.

SCORE ..../8

COUP DE POUCE
Vérifie que tu as employé quatre fois l'article Ø.

Corrigés p. 3

TOTAL ..../ 24

3 Les quantifieurs : *some, any, no*

Some, any, no

Some, *any* et *no* servent à exprimer une **quantité imprécise**.
On les emploie devant un nom indénombrable ou un nom dénombrable au pluriel.
Ils se traduisent par « du », « de la », « des ».

- Dans les **phrases affirmatives**, on emploie *some*.

  *There is **some** chocolate* [indénombrable] *on your fingers.*
  Il y a du chocolat sur tes doigts.

  *There are **some** stamps* [dénombrables] *in my bag.*
  Il y a des timbres dans mon sac.

- Dans les **phrases interrogatives**, on emploie :
  - ***any*** lorsqu'on ignore s'il y a ce que l'on demande ;

    *Have you got **any** mustard?* Avez-vous de la moutarde ?
  - ***some*** lorsque l'on sait qu'il y a ce que l'on demande (demande polie) ou lorsque l'on fait une offre. Dans les deux cas, on attend une réponse positive.

    *Can I have **some** pancakes?* Est-ce que je peux avoir des crêpes ?

    *Would you like **some** tea?* Voulez-vous du thé ?

- Dans les **phrases négatives**, on emploie :
  - ***any*** si la phrase contient une négation ;
  - ***no*** si la phrase ne contient pas d'autre négation (*no* = *not... any*).

    *I haven't got **any** time. = I have **no** time.* Je n'ai pas le temps.

1 Peter n'est pas un garçon très ordonné. Qu'y a-t-il dans son cartable ? Complète les phrases en fonction du dessin.

1. There ....
2. There ....
3. There ....
4. There ....
5. Are there .... shoes in his bag? No, there are .... shoes in his bag.

SCORE ..../6

ATTENTION
Phrases 1 à 4 : mets bien le verbe au pluriel ou au singulier en fonction du groupe nominal qui suit.

2 Complète ces phrases avec *any* ou *some*.

1. Is there .... milk?
2. Are there .... oranges on the table?
3. Would you like .... bread?
4. Can I have .... chicken, please?

SCORE ..../4

COUP DE POUCE
La phrase 3 exprime une offre ; la phrase 4 une demande.

3 Complète les phrases suivantes en employant *some, any* ou *no*.

1. Is there .... soap in the bathroom?
2. There's .... orange juice in the bottle. It's empty.
3. Can I have .... marmalade, please?
4. Are there .... stamps on the postcards?
5. Have .... cheese!

SCORE ..../5

COUP DE POUCE
Vérifie que tu as bien utilisé deux fois *some*.

4 Coche la réponse correspondant à la question.

1. Is there any sugar? ❑ Yes, there are many. ❑ No, there aren't. ❑ No, there isn't any.
2. Have you got any friends? ❑ Yes, I've got some. ❑ No, there aren't. ❑ Yes, there is some.
3. Is there a cinema near here? ❑ Yes, there is one. ❑ No, it isn't. ❑ Yes, I've got one.

SCORE ..../3

ATTENTION
Le verbe de la réponse doit correspondre au verbe de la question.

Les composés de *some, any, no*

- Il en existe **trois séries** :
  - *somebody* ou *someone*, *anybody* ou *anyone* (quelqu'un), *nobody* ou *no one* (personne) ;
  - *something*, *anything* (quelque chose), *nothing* (rien) ;
  - *somewhere*, *anywhere* (quelque part), *nowhere* (nulle part).
- Ces composés suivent les **mêmes règles d'emploi** que *some*, *any* et *no*.

  I think there is ***somebody*** *under the bed.* Je pense qu'il y a quelqu'un sous le lit.
  Have you got ***anything*** *to declare?* Avez-vous quelque chose à déclarer ?
  There was ***nobody*** *at the party.* Il n'y avait personne à la fête.

5 Complète les phrases avec un composé de *some, any* ou *no*.

1. Do you want .... to drink?
2. There isn't .... in my bag. There is .... in my bag.
3. I can see .... running in the garden.
4. There's .... in my pocket, it's empty.

SCORE ..../5

COUP DE POUCE
Phrase 2 : il existe deux manières de mettre la phrase à la forme négative.

6 Comment dirais-tu que… ?

1. personne ne l'a vu hier → ....
2. il y a quelqu'un derrière toi → ....
3. tu ne trouves ta clé nulle part → I ....
4. vous n'avez rien à dire → We ....

SCORE ..../4

COUP DE POUCE
Dans la phrase 4, tu peux utiliser *nothing* ou, si tu ajoutes la négation *not*, *anything*.

Corrigés p. 3

TOTAL ..../ 27

4 Les quantifieurs : *many, much, a lot of*

Dénombrables et indénombrables

Pour utiliser correctement certains quantifieurs, il faut bien faire la différence entre les noms dénombrables et les noms indénombrables.

- Les noms **dénombrables** font référence à une réalité que l'on peut compter. Ils peuvent se mettre au pluriel.
  a boy → *boy**s*** *a pen* → *pen**s***
- Les noms **indénombrables** font référence à une réalité qui forme un tout et que l'on ne peut pas compter. Ils ne peuvent pas se mettre au pluriel.
  butter (du beurre) *furniture* (des meubles)

★ **1** **Dans le tableau ci-dessous, classe les noms suivants :** *water – book – wall – traffic – carpet – dog – tomato – milk – airport – information*.

Noms dénombrables	Noms indénombrables
....	....
....	....

SCORE ..../10

COUP DE POUCE
Vérifie que tu as trouvé quatre noms indénombrables, parmi lesquels *information*.

Many, much, a lot of

Pour exprimer l'**idée d'une grande quantité**, l'anglais dispose de trois quantifieurs : *many*, *much* et *a lot of*.

- ***Many*** + dénombrable
  *Are there **many** CDs in your room?* Y a-t-il beaucoup de CD dans ta chambre ?
- ***Much*** + indénombrable
  *I haven't got **much** money.* Je n'ai pas beaucoup d'argent.

Many et *much* s'emploient surtout dans les phrases interrogatives et négatives.

- ***A lot of*** + dénombrable ou indénombrable
  ***a lot of** CDs* (beaucoup de CD), ***a lot of** work* (beaucoup de travail)

★★ **2** **Dans ce texte, remplace *a lot of* par *many* ou *much*.**

I often travel with my parents and my cousins. We always take (a lot of) .... luggage because we bring (a lot of) .... clothes. We never forget to buy (a lot of) .... presents for our friends. The teachers usually give us (a lot of) .... summer homework.

INFO
Les anglophones réservent de plus en plus l'usage de *much* aux phrases interrogatives ou négatives.

When we go to the beach there are (a lot of) .... people but we always find a quiet spot. We practise (a lot of) .... water sports. We drink (a lot of) .... lemonade because it's hot and sunny.

SCORE ..../7

3 **Trouve les questions correspondant aux phrases suivantes, en employant *many* ou *much*.**

Ex. : *There were a lot of people.* → *Were there many people?*

1. He's got a lot of work today. → ....?
2. There are a lot of chairs in the hall. → ....?
3. They've got a lot of friends. → ....?
4. There is a lot of traffic. → ....?
5. She's got a lot of time. → ....?

SCORE ..../5

Too many, too much

Pour exprimer l'**idée d'une trop grande quantité**, on utilise : *too many* ou *too much*.

- *Too many* + dénombrable

  *The teacher gave us **too many** exercises.*

  Le professeur nous a donné trop d'exercices.

- *Too much* + indénombrable

  *He eats **too much** meat.* Il mange trop de viande.

4 **Relie chaque nom au quantifieur qui lui convient.**

money •		• exercises
glasses •	too many	• bread
people •		• bags
time •	too much	• sugar
stamps •		• friends

SCORE ..../10

5 **Comment dirais-tu que... ?**

1. tu as trop de travail → I have ....
2. ton ami n'a pas beaucoup d'argent → ....
3. il y avait trop de voitures → ....
4. il n'y avait pas beaucoup de fans à ce concert → ....
5. il y a beaucoup de bruit → ....

SCORE ..../5

INFO
- *need* : avoir besoin de
- *quiet spot* : coin tranquille

COUP DE POUCE
's est ici la contraction de *has*.

ATTENTION
Money est un indénombrable mais *coins* (pièces) et *banknotes* (billets) sont des dénombrables.

COUP DE POUCE
Utilise le passé de *be* dans les phrases 3 et 4.

Corrigés p. 4

TOTAL ..../ 37

5 Déterminants et pronoms possessifs

Les déterminants possessifs

- En anglais, comme en français, les déterminants possessifs, également appelés adjectifs possessifs, **varient selon le possesseur**.

	Un possesseur	Plusieurs possesseurs
1re personne	my ball	our ball
2e personne	your ball	your ball
3e personne	his, her, its ball	their ball

- Contrairement au français, ils ne varient pas avec le nom déterminé.

*Give me **my** schoolbag and **my** pens.* Donne-moi mon cartable et mes stylos.

★ 1 **À l'aide des dessins, complète ce dialogue avec des déterminants possessifs.**

– Kate and Joe! Where are .... friends?

– They're in .... room. They're working on .... computer.

– Tell them to come to the kitchen. .... apple pie looks delicious!

– Yes, Mum. .... cakes are always the best.

– Kate! Your sister is in .... room. Please ask her to come with us.

– No, she's with Dad. She's painting .... old bike.

SCORE ..../7

INFO
- *computer* : ordinateur
- *apple pie* : tarte aux pommes

COUP DE POUCE
Lis le paragraphe suivant avant de compléter les phrases 5 et 6.

His, her, its

- À la 3e personne du singulier, on choisit ***his*** (masculin), ***her*** (féminin) ou ***its*** (neutre), en fonction du possesseur.

*It's **his** bike.* C'est son vélo (le vélo de John).
*It's **her** bike.* C'est son vélo (le vélo de Mary).
*I like **its** colour.* J'aime sa couleur (la couleur du vélo).

2 Relie chaque objet à son propriétaire.

Toby (a dog)

Matt

Sarah

its ball · his glass · her key · his jacket · her shoes · its collar

SCORE .... /6

> **COUP DE POUCE**
> On peut utiliser le neutre *its* pour renvoyer à un possesseur inanimé ou à un animal.

3 Complète avec *his, her* ou *its*.

1. I often work at Shirley's. I like .... parents.
2. He is speaking with Philip. He is in .... office.
3. Look at Susan's new car. I like .... colour.
4. Tracy is doing .... homework in .... room.
5. Bill can't use .... MP3 player; it is broken.

SCORE .... /6

> **COUP DE POUCE**
> Les prénoms utilisés doivent t'aider à trouver le déterminant qui convient.

Les pronoms possessifs

- Observe ces deux phrases :

  *It's **my bike*** [déterminant possessif + nom]. C'est mon vélo.
  → *It's **mine*** [pronom possessif]. C'est le mien.

- On choisit le pronom possessif **selon le possesseur**.
  À la troisième personne du singulier, on dit :

  *It's Andrew's bike. It's his bike. It's **his**.*
  C'est le vélo d'Andrew. C'est son vélo. C'est le sien.
  *It's Mary's bike. It's her bike. It's **hers**.*
  C'est le vélo de Mary. C'est son vélo. C'est le sien.

mine	ours
yours	yours
his, hers, its	theirs

4 Remplace chaque groupe de mots souligné par le pronom possessif qui convient.

1. These are Kathleen's shoes. → These are ....
2. Are they Jak's socks? → Are they .... ?
3. It's our dog. → It's ....
4. I know this is my mobile phone. → I know this is ....
5. This is my friends' address. → This is ....
6. I don't like Chloe's drawing. → I don't like ....

SCORE .... /6

> **INFO**
> • *drawing* : dessin
> • *mobile [phone]* : [téléphone] portable

Corrigés p. 4-5

TOTAL .... / 25

LE GROUPE NOMINAL

6 Le génitif

Le génitif au singulier

- Le génitif, aussi appelé « cas possessif », exprime la **possession**.
Observe ces deux phrases.

*Look at **Henry's** car.* Regarde la voiture d'Henry.
***My sister's** book is in the garden.* Le livre de ma sœur est dans le jardin.

Henry's car et *my sister's book* sont des génitifs.
Au singulier, voici comment se construit le génitif :
nom du possesseur + *'s* + nom de l'objet possédé sans déterminant.

- Le génitif peut aussi exprimer une **relation de parenté**.

***Mr Hill's** son is a good tennis player.* Le fils de M. Hill est un bon joueur de tennis.

- **Attention !** Le cas possessif s'emploie avec des **noms de personnes et d'animaux**, mais ne peut pas s'employer avec des noms d'objets concrets.

the leg of the chair (le pied de la chaise)

★ **1** **Dénoue les fils et dis à qui appartiennent les objets numérotés.**

ATTENTION
Ne mets pas d'article devant les prénoms !

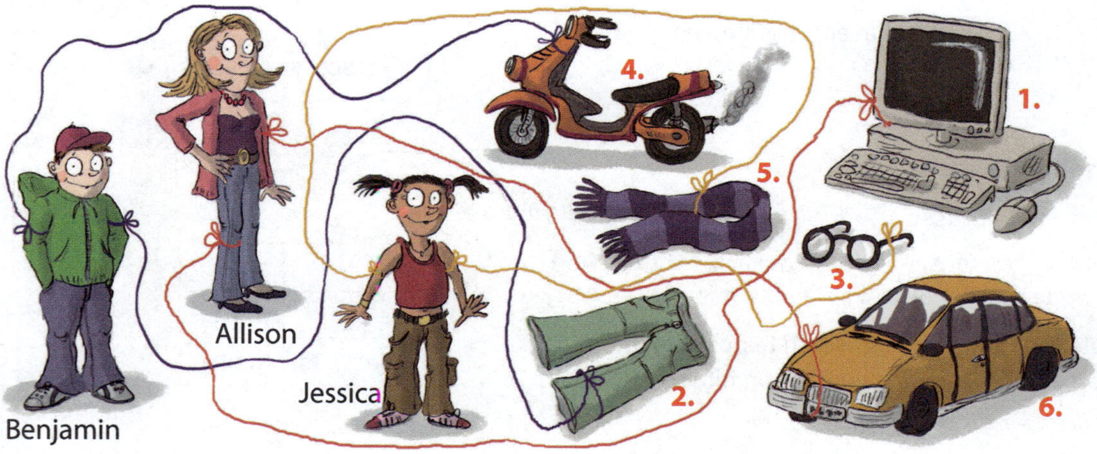

1. This is ....
2. These are ....
3. ....
4. ....
5. ....
6. ....

SCORE ..../6

Le génitif au pluriel

- Lorsque le nom désignant le possesseur est au pluriel, **le *s* du génitif disparaît**, mais l'apostrophe demeure.

the girls' room (la chambre des filles)

- Lorsque le pluriel est irrégulier, on emploie *'s*.

the children's room (la chambre des enfants)

2 Comment désignerais-tu… ?

1. la voiture des professeurs → ……………………
2. les jouets des enfants → ……………………
3. les chapeaux des hommes → ……………………
4. les sacs des facteurs → ……………………

SCORE ……… /4

> **COUP DE POUCE**
> Utilise le mot *postman* (au pluriel : *postmen*).

Cas particuliers

- Certains noms comme ***shop*, *house*, *church*** sont généralement sous-entendus après le *'s*.

  He's going to the ***baker's*** [the baker's shop].
  Il va chez le boulanger.
  I will sleep at ***my aunt's*** [my aunt's house].
  Je dormirai chez ma tante.

3 Traduis ces phrases en omettant *shop*, *house* et *church*.

1. Nous habitons chez mes amis. → ……………………
2. Va chez le boucher. → ……………………
3. Je travaillerai chez Helen. → ……………………
4. Elle s'est mariée à l'église Saint-Pierre. → ……………………

SCORE ……… /4

> **INFO**
> Utilise les mots *butcher* (boucher) et *to get married* (se marier) au prétérit : *got married*.

Whose

- *Whose* sert à **interroger sur l'appartenance.**

  Whose cup *is it? – It's* ***Brian's cup****.* À qui est cette tasse ? – C'est la tasse de Brian.

- Pour éviter la répétition, on peut répondre par le génitif seul : *It's* ***Brian's.***
- On peut aussi répondre en utilisant un pronom possessif ou un déterminant possessif suivi d'un nom.

  Whose *key is it? – It's* ***mine****.* À qui est cette clé ? – C'est la mienne.
  Whose *key is it? – It's* ***my*** *key.* À qui est cette clé ? – C'est ma clé.

4 Construis les réponses comme dans l'exemple.

Ex. : *Whose pen is it? (Paul) → It's Paul's pen. It's Paul's. It's his pen. It's his.*

1. Whose house is it? (the Browns) → ……………………
2. Whose jacket is it? (Sarah) → ……………………
3. Whose car is it? (my parents) → ……………………
4. Whose dog is it? (Bill) → ……………………
5. Whose ring is it? (his girlfriend) → ……………………

SCORE ……… /5

> **ATTENTION**
> Dans les phrases 1 et 3, les noms des possesseurs étant au pluriel, on ne met que l'apostrophe.

Corrigés p. 5

TOTAL ……… / 19

7 Les pronoms personnels et réfléchis

Les pronoms personnels sujets

- En anglais, comme en français, les pronoms personnels sujets **permettent de conjuguer le verbe**. En voici la liste.
- Note bien qu'**à la 3e personne du singulier** :
  - *he* fait référence à une personne de sexe masculin ;
    Dave is my cousin. ***He*** *is 12.*
  - *she* fait référence à une personne de sexe féminin ;
    Chelsea is my sister. ***She*** *is in the kitchen.*
  - *it* fait référence à un animal ou à un objet.
    The lion is big. ***It*** *is dangerous.*

I	we
you	you
he, she, it	they

★ 1 Remplace les groupes nominaux soulignés par des pronoms personnels sujets.

1. Jessica and Jennifer live in a new house. → .... live in a new house.
2. Matthew's dog is very big. → .... is very big.
3. Helen and I work together. → .... work together.
4. Does Tom play football with us? → Does .... play football with us?
5. Can Paul's mother ride a bike? → Can .... ride a bike?

SCORE ..../5

ATTENTION
Prends garde au cas possessif dans les phrases 2 et 5 !

Les pronoms personnels compléments

- Les pronoms personnels compléments se placent toujours **après le verbe**. En voici la liste ci-contre.
- Note bien qu'**à la 3e personne du singulier** :
  - *him* fait référence à une personne de sexe masculin ;
    I must help ***him****.* Je dois l'aider. (Je dois aider un garçon.)
  - *her* fait référence à une personne de sexe féminin ;
    He loves ***her****.* Il l'aime. (Il aime une fille.)
  - *it* fait référence à un animal ou un objet.
    I bring ***it****.* Je l'apporte. (J'apporte un objet.)

me	us
you	you
him, her, it	them

★★ 2 Utilise le pronom personnel qui convient.

1. I bought a new CD yesterday; listen to ....
2. She is waiting for her husband; she is waiting for ....
3. My friend saw the Carters yesterday; he saw ....
4. John loves Mary; he wants to marry ....
5. My sister and I are going to the concert; come with ....

SCORE ..../5

COUP DE POUCE
Dans la phrase 3, *the Carters* est un nom de famille au pluriel, qui représente donc plusieurs membres de la famille (les Carter).

3 Coche le pronom personnel correct dans chaque phrase.

1. John is sick, take ❑ him ❑ her to the doctor's.
2. Don't talk to ❑ me ❑ us; I am working.
3. Give ❑ them ❑ he some soup.
4. Do you want to come with ❑ she ❑ me?
5. Does ❑ she ❑ it like her new teacher?

SCORE ..../5

COUP DE POUCE
Vérifie que tu as employé quatre pronoms compléments.

Les pronoms réfléchis

- On emploie un pronom réfléchi lorsque **le sujet et le complément du verbe** représentent **la même personne**. L'équivalent en français est souvent un verbe pronominal.

myself	ourselves
yourself	yourselves
himself, herself, itself	themselves

*I cut **myself**.* Je me suis coupé.
*Did you enjoy **yourselves**?* Est-ce que vous vous êtes amusés ?

- Les pronoms réfléchis servent aussi à **insister sur le sujet**.

*Look at my sweater. I made it **myself**!* Regarde mon pull, je l'ai fait moi-même !
*She took this photo **herself**.* C'est elle qui a pris cette photo.

4 Réponds aux questions en employant un pronom réfléchi.

Ex. : *Did anyone wash the car for her?* → *– No, she did it herself.*

1. Did anyone do the housework for him? – ....
2. Did anyone do the shopping for them? – ....
3. Did anyone repair the TV set for you? (we) – ....
4. Did anyone buy the ticket for you? (I) – ....

SCORE ..../4

COUP DE POUCE
Tu dois faire correspondre les sujets des réponses avec les compléments des questions.

5 Ces phrases ont perdu leurs pronoms personnels et réfléchis. Lequel des deux encadrés les contient ? Complète les phrases avec ces pronoms.

Cindy loves Tom. Tom loves Cindy. She loves .... loves .... Yesterday .... went to a party. He enjoyed .... and she enjoyed .... danced all night. At midnight he asked .... : "Do you want to marry .... ?" .... looked at him and said : "Yes, ... do".

1.			
he	her	they	I
she	me	himself	her
they	him	herself	

2.			
he	her	himself	his
they	I	himself	herself
they	he	herself	

SCORE ..../11

COUP DE POUCE
Avec le verbe *enjoy* (s'amuser), tu dois utiliser le pronom réfléchi : ici, *himself* (pour *he*) et *herself* (pour *her*).

Corrigés p. 5-6

TOTAL ..../ 30

8 Les adjectifs qualificatifs

Épithète ou attribut

- Quand il fait partie d'un groupe nominal, l'adjectif qualificatif est **épithète**.
  *He is sitting in a **comfortable** chair.* Il est assis sur une chaise confortable.
- Quand il se rapporte au sujet par l'intermédiaire du verbe *be*, l'adjectif est **attribut**.
  *My cousin **is** nervous.* Ma cousine est nerveuse. Mon cousin est nerveux.
- Quelle que soit sa fonction, l'adjectif qualificatif est **invariable** en anglais.
  *John is **tall**.* John est grand. *His wife is **tall** too.* Sa femme est grande aussi.

ATTENTION
Ajoute l'article indéfini *a*/*an* devant l'adjectif.

★★ 1 Modifie les phrases de manière à transformer les attributs en épithètes.

Ex. : *This film is interesting. → It's an interesting film.*

1. This name is funny. → ....
2. This armchair is comfortable. → ....
3. This snake is dangerous. → ....
4. This photo is good. → ....

SCORE ..../4

COUP DE POUCE
Dans la phrase 3, *young* est épithète et *happy* est attribut.

★★ 2 Mets les mots dans le bon ordre pour former une phrase correcte.

1. is / programme / interesting / on / there / TV / an
   → ....
2. have / got / a / computer / they / new
   → ....
3. today / sister / my / young / is / happy
   → ....
4. my / is / yellow / wearing / a / sister / hat
   → ....
5. grandparents / are / old / his / very
   → ....

SCORE ..../5

COUP DE POUCE
- *This* et *that* forment leur pluriel en *these* et *those*.
- *Child* et *woman* ont des pluriels irréguliers..

★★ 3 Mets le sujet au pluriel et fais les transformations nécessaires.

1. This tee-shirt is too big. → ....
2. She's wearing a beautiful sweater. → ....
3. The woman is carrying a heavy bag. → ....
4. The child's working with an English dictionary. → ....

SCORE ..../4

Les adjectifs de nationalité et les adjectifs composés

- En anglais, à la différence du français, les **adjectifs de nationalité** prennent une **majuscule**.

  *John often reads **English** novels.*
  John lit souvent des romans anglais.

- Les **adjectifs composés** de deux adjectifs de couleur permettent de désigner des nuances.

  *a **dark blue** jacket* (une veste bleu foncé) *a **light green** scarf* (une écharpe vert clair)

4 **Comment dirais-tu que… ?**

1. tu aimes la musique espagnole → I ……………………………………
2. ce film américain est très intéressant → ……………………………………
3. Gianni travaille dans un restaurant chinois → ……………………………………

SCORE ……… /3

ATTENTION
Mets le verbe au présent simple lorsqu'il renvoie à un fait permanent.

5 **Traduis ces groupes nominaux.**

1. un ciel bleu clair → ……………………………………
2. une veste bleu marine → ……………………………………
3. des chaussures jaune citron → ……………………………………

SCORE ……… /3

INFO
Utilise les mots
- *navy* : marine,
- *jacket* : veste,
- *lemon* : citron.

Les adjectifs précédés de *the*

- Certains adjectifs peuvent s'employer précédés de l'article *the*.
  Ils ont alors la valeur d'un **nom collectif**. Le verbe qui suit est au pluriel.

  ***The English** drink a lot of tea.*
  Les Anglais boivent beaucoup de thé.

6 **Comment dirais-tu que… ?**

1. Les Français aiment le pain.
→ ……………………………………
……………………………………

2. Les Anglais ont de beaux jardins.
→ ……………………………………
……………………………………

3. Les jeunes aiment le rap.
→ ……………………………………
……………………………………

SCORE ……… /3

ATTENTION
On met une majuscule aux adjectifs de nationalité.

Corrigés p. 6

TOTAL ……… / 22

9 L'adjectif au comparatif

Le comparatif d'égalité

- L'adjectif mis au comparatif (d'égalité, de supériorité ou d'infériorité) permet de **faire une comparaison** entre deux personnes, deux choses, deux groupes, etc.
- Pour former le comparatif d'égalité, on utilise la structure : ***as* + adjectif + *as*** + complément du comparatif.

  *My car is **as** big **as** yours.* Ma voiture est aussi grande que la tienne.

1 ★ **Construis des phrases contenant un comparatif d'égalité** (*yes* : forme affirmative ; *no* : forme négative).

COUP DE POUCE À la forme négative, tu obtiens la structure : *not as* + adjectif + *as*.

INFO *Mice* est le pluriel irrégulier de *mouse* (souris).

1. Susan / tired / Jane (yes)

   ....

2. mice / big / elephants (no)

   ....

3. London Bridge / high / the Eiffel Tower (no)

   ....

4. my English teacher / patient / maths teacher (yes)

   ....

SCORE ..../4

Le comparatif de supériorité des adjectifs courts

- Pour former le comparatif de supériorité des adjectifs courts, on utilise la structure : **adjectif + *-er* + *than*** + complément du comparatif.

  *Kate is tall**er than** Sue.* Kate est plus grande que Sue.

- Sont dits courts les adjectifs d'une syllabe et ceux de deux syllabes terminés par *-y* ou *-er*.

  old (âgé) → *older* (plus âgé)   *happy* (heureux) → *happier* (plus heureux)

  Attention aux modifications orthographiques !

  heavy → *heav**ier***   *funny* → *funn**ier***   *big* → *bi**gg**er*   *fat* → *fa**tt**er*

2 ★★ **Compare les deux personnages et leurs accessoires en utilisant les adjectifs suivants :** *small – fat – long – big – happy – tall.*

ATTENTION Deux des adjectifs doublent leur consonne finale.

....

....

....

....

....

SCORE ..../6

Le comparatif de supériorité des adjectifs longs
Les comparatifs irréguliers

- Pour former le comparatif de supériorité des adjectifs longs, on utilise la structure : ***more* + adjectif + *than*** + complément du comparatif.

  *A Rolls-Royce is **more** expensive **than** a Ford.*
  Une Rolls-Royce est plus chère qu'une Ford.

- Certains comparatifs de supériorité sont de **formation irrégulière.**

  good → *better* (meilleur) *bad* → *worse* (pire) *far* → *farther* (plus loin, plus éloigné)

3 Relie débuts et fins de phrase de façon logique.

Mount Everest is •	• faster than trains.
Planes go •	• higher than the Eiffel Tower.
This actor is •	• as tall as giraffes.
Zebras are not •	• more popular than this singer.
This French baker sells •	• more cakes than the English one.

SCORE ..../5

ATTENTION
Veille à construire des phrases logiques.

Le comparatif d'infériorité

- Le comparatif d'infériorité se forme ainsi : ***less* + adjectif + *than*** + complément du comparatif.

  *Exercise 1 is **less** difficult **than** exercise 5.*
  L'exercice 1 est moins difficile que l'exercice 5.

- On peut également exprimer l'absence d'égalité avec ***not as... as***.

  *Exercise 1 is **not as** difficult **as** exercise 5.*
  L'exercice 1 n'est pas aussi difficile que l'exercice 5.

4 Regarde les pancartes et réponds aux questions.

1. Who is taller than Steven? ....
2. Who is as tall as Steven? ....
3. Who is smaller than Samantha? ....
4. Who is heavier than Steven? ....
5. Who is younger than Alexia? ....

SCORE ..../5

INFO
- 1 foot = 30,48 cm
- 1 inch = 2,54 cm
- 1 pound = 453,59 g

Corrigés p. 6-7

TOTAL ..../ 20

10 Les prépositions

Des mots invariables

- En anglais, comme en français, les prépositions servent à **introduire un complément** qui ne se construit pas directement. Elles sont invariables.
- Voici les principales prépositions de **sens spatial**.

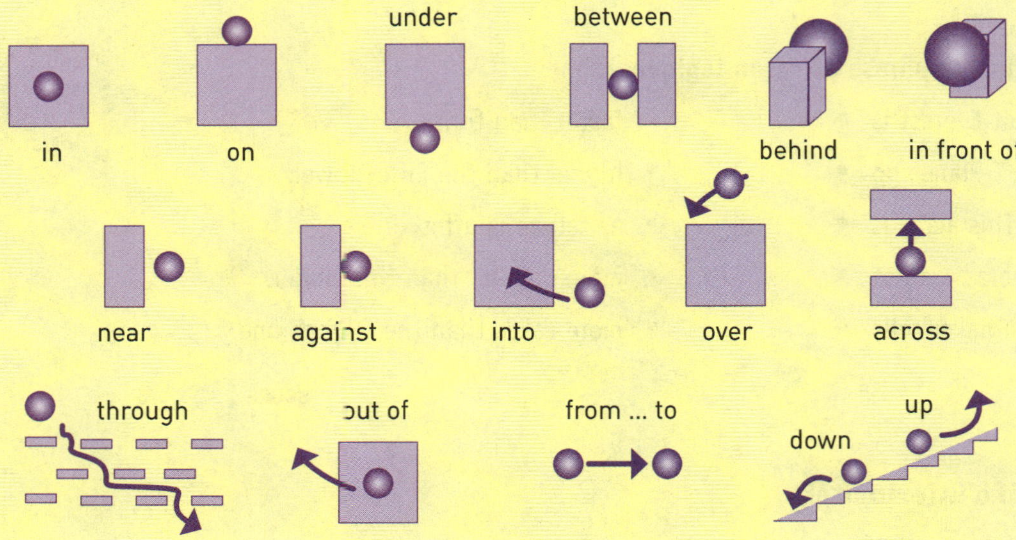

1 **Complète les phrases avec les prépositions suivantes :** *in – from – in front of – between.*

1. Antonio comes .... Italy.
2. The school is .... the post office and the station.
3. They are sitting .... the TV.
4. The bottle of milk is .... the fridge.

SCORE ..../4

COUP DE POUCE
Dans la phrase 1, on veut exprimer l'origine d'Antonio.

2 **Inscris sous chaque dessin les numéros des phrases ci-après qui décrivent correctement la pièce.**

ATTENTION
Ne confonds pas *near* (à côté) avec *in front of* (devant).

....

....

1. The plant is on the piano.
2. The plant is behind the piano.
3. There's a lamp near the door.
4. There's an umbrella near the door.
5. The book is on the table.
6. The book is on the chair.
7. The shoes are under the TV set.
8. The shoes are under the chair.

SCORE ..../8

Les compléments de temps

- On emploie la **préposition** ***in*** pour introduire un complément de temps faisant référence à un **mois**, une **saison** ou une **année**.

  She always travels ***in*** *July.* Elle voyage toujours en juillet.
  They got married ***in*** *1999.* Ils se sont mariés en 1999.

- On emploie la préposition ***on*** pour un **jour de la semaine** ou une **date précise**.

  He plays tennis ***on*** *Saturdays.* Il joue au tennis le samedi.
  The band is coming to town ***on*** *September 2nd.*
  Le groupe passe en ville le 2 septembre.

- On emploie ***at*** devant un **horaire**.

  The plane takes off ***at*** *8.* L'avion décolle à 8 heures.

3 Complète ce texte avec *on, in, at*.

Samantha met Jack at school .... Monday. He called her the next day .... 7 p. m. to invite her to the cinema .... Saturday. Now, they are really good friends. .... summer they will go to the same summer camp. They hope to be in the same class .... 2016.

SCORE ..../5

COUP DE POUCE
On emploie *in* devant un complément de temps faisant référence à une année ou une saison.

Les emplois particuliers

- Certains **verbes (transitifs indirects)** se construisent toujours avec une préposition.

  Jane is ***listening to*** *the radio.* Jane écoute la radio.
  Mr Hill is ***waiting for*** *his wife.* M. Hill attend sa femme.
  Susan is ***looking at*** *some photos.* Susan regarde des photos.

- Certains **adjectifs** sont toujours suivis de la même préposition.

  Karen is ***afraid of*** *dogs.* Karen a peur des chiens.
  I am ***interested in*** *history.* Je m'intéresse à l'histoire.

- À la **forme interrogative**, la préposition doit rester après le verbe ou l'adjectif.

  What is he looking ***for****?* Que cherche-t-il ?
  What is she interested ***in****?* À quoi s'intéresse-t-elle ?

4 Remets les mots dans le bon ordre.

1. afraid / Terry / of / is / mouse / the → ....
2. in / interested / astronomy / is / Sylvia → ....
3. is / at / what / Cecilia / looking / ? → ....

SCORE ..../3

INFO
• *to look at* : regarder
• *to be afraid* : avoir peur

Corrigés p. 7

TOTAL ..../ 20

LE GROUPE VERBAL

11 Be – There is, there are

Be à la forme affirmative

- *Be* renseigne sur ce que l'on est. Voici comment il se conjugue à la forme affirmative.

Au singulier		Au pluriel	
Forme pleine	Forme contractée	Forme pleine	Forme contractée
I am	I'm	we are	we're
you are	you're	you are	you're
he is, she is, it is	he's, she's, it's	they are	they're

- La forme contractée est très souvent employée à l'oral, dans une conversation.

1 Complète les phrases ci-dessous en employant *be* à la bonne personne.

COUP DE POUCE
Observe bien chacun des sujets pour choisir la bonne forme de *be*.

1. I .... thirteen. I .... American.
2. My friend Jason .... Australian.
3. Jason and I .... in Sydney for the Christmas holidays but I live in New York.
4. We .... on the beach.
5. When it .... winter in New York, it .... summer in Australia!

SCORE ..../7

Be aux formes interrogative et négative

- Pour obtenir la **forme interrogative** de *be*, on fait passer le verbe avant le sujet (inversion du sujet).

Au singulier	Au pluriel
am I?	are we?
are you?	are you?
is he, she, it?	are they?

- Pour obtenir la **forme négative** de *be*, on ajoute la négation après le verbe. Sauf à la 1re personne du singulier, on a le choix entre deux formes contractées.

Au singulier		Au pluriel	
Forme pleine	Forme contractée	Forme pleine	Forme contractée
I am not	I'm not	we are not	we're not/we aren't
you are not	you're not/you aren't	you are not	you're not/you aren't
he is not	he's not/he isn't	they are not	they're not/they aren't

2 Pose une question et réponds-y par une phrase négative.

Ex. : *He / from the States.* → ***Is he** from the States? No, he **isn't** from the States.*

1. she / Spanish → ....
2. they / in the garden → ....
3. it / a good idea → ....
4. we / late → ....

SCORE .... /4

COUP DE POUCE
Pour la réponse négative, utilise la forme contractée.

Expressions avec *be*

- Plusieurs expressions ne contenant pas le verbe « être » en français se construisent avec *be* en anglais. Apprends à les reconnaître.

*I **am** cold, warm, hot.* J'ai froid, chaud, très chaud.
*I **am** eleven.* J'ai onze ans.
*I **am** hungry and thirsty.* J'ai faim et soif.
*I **am** well/fine.* Je vais bien.
*I **am** lucky.* J'ai de la chance.
*I **am** afraid of dogs.* J'ai peur des chiens.
*It **is** fine today.* Il fait beau aujourd'hui.

3 Comment dirais-tu que... ?

1. tu as quatorze ans → I am ....
2. ton frère a soif et tu as faim → ....
3. ton oncle a peur des chats → ....
4. Jeff a de la chance → ....

Comment demanderais-tu à un ami... ?

5. s'il a froid → ....

SCORE .... /5

ATTENTION
Dans ces expressions, on n'utilise pas le même verbe en français et en anglais !

There is, there are

- *There is* [+ sing] et *there are* [+ plur] (il y a) permettent de **parler de l'existence ou de l'absence** d'une chose ou d'une personne. Ils se conjuguent à tous les temps, aux formes affirmative, interrogative et négative. Il suffit de conjuguer *be* au temps voulu.

__Was__ there a lot of traffic? Y avait-il beaucoup de circulation ?
*There **are** five children in the garden.* Il y a cinq enfants dans le jardin.

4 Complète avec *there is* ou *there are* à la forme correspondante (présent).

1. .... sandwiches in the kitchen.
2. .... a red American car.
3. .... a camera in the bag?
4. .... two policemen in the street.
5. .... three girls in the shop.
6. .... a dictionary on the table?

SCORE .... /6

COUP DE POUCE
Regarde bien la ponctuation de chaque phrase pour choisir entre la forme affirmative ou interrogative.

Corrigés p. 7-8

TOTAL .... / 22

12 Have, have got

Have auxiliaire : *have got*

- *Have* est tantôt un auxiliaire, tantôt un verbe ordinaire.
- *Have* est **auxiliaire dans *have got***, qui permet de parler de ce que l'on possède, d'exprimer des liens de parenté, de décrire des personnes.
- *Have got* ne s'emploie qu'au **présent**. L'auxiliaire *have* se conjugue et *got* reste invariable.

Forme affirmative	
Forme pleine	**Forme contractée**
I have got	I've got
you have got	you've got
he, she, it has got	he's, she's, it's got
we have got	we've got
you have got	you've got
they have got	they've got

1 **Complète l'arbre généalogique à l'aide des phrases ci-dessous.**

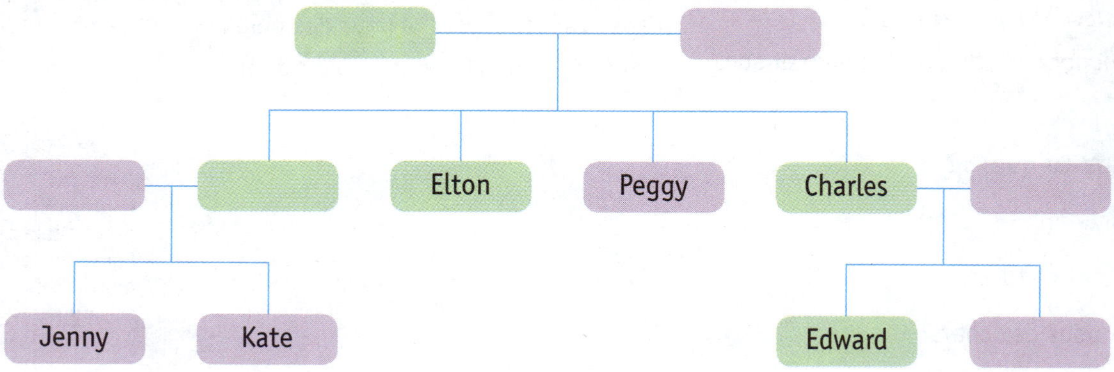

INFO
Observe l'emploi des adjectifs possessifs devant le mot *name* : *his* pour un possesseur masculin, *her* pour un possesseur féminin, *their* quand il y a plusieurs possesseurs.

1. They have got two daughters. Their names are Karen and Bob.
2. She has got two nieces. Her name is Marilyn.
3. He has got one grandson. His name is Gary.
4. She has got one brother. Her name is Victoria.
5. She has got four children. Her name is Sue.

SCORE ..../6

Les formes interrogative et négative de *have got*

- À la forme négative, on a le choix entre la forme pleine et la forme contractée.

Forme interrogative	Forme négative pleine	Forme négative contractée
have I got?	I have not got	I haven't got
have you got?	you have not got	you haven't got
has he, she, it got?	he, she, it has not got	he, she, it hasn't got
have we got?	we have not got	we haven't got
have you got?	you have not got	you haven't got
have they got?	they have not got	they haven't got

2 **Pose des questions et réponds-y par une phrase négative.**
Ex. : *Mike / Walkman* → *Has Mike got a Walkman? No, he hasn't got one.*

1. Kate / dog → ....
2. Audrey / bike → ....
3. Sandy and Christopher / cat → ....
4. you / computer → ....

SCORE ..../8

ATTENTION
On n'a pas la même forme verbale à la 3e personne du singulier et aux autres personnes.

Have, verbe ordinaire

- *Have got* ne s'emploie qu'au présent. Pour exprimer la **possession aux autres temps** que le présent, on utilise simplement ***have***, avec une valeur de verbe ordinaire.
  *I **had** a dog when I was a child.* J'avais un chien quand j'étais enfant.
- *Have* n'a pas toujours le sens d'« avoir ». Il existe un certain nombre d'**expressions où *have* a un sens différent** (« prendre », « faire »...). Apprends les plus fréquentes :
  - *to have breakfast, lunch, dinner, tea, a drink* (prendre le petit déjeuner, le déjeuner, le dîner, le thé, un verre)
  - *to have a bath, a shower* (prendre un bain, une douche)
  - *to have a good time* (s'amuser, passer un bon moment)
  - *to have a walk* (faire une promenade)
  - *to have a lesson* (prendre un cours)

Dans ces expressions, *have* se conjugue toujours avec l'**auxiliaire *do*** aux formes interrogative et négative du présent simple et avec ***did*** au prétérit.
*What time **do you have** breakfast?* À quelle heure prends-tu le petit déjeuner ?
*I **didn't have** lunch at home.* Je n'ai pas déjeuné à la maison.

3 **Lis le petit texte concernant John et pose les questions correspondantes pour savoir s'il en est de même pour Jane.**

1. John has breakfast at 8 o'clock.
2. He has got a big house with a lot of music instruments.
3. He has a piano lesson every morning.
4. He has lunch with his brother.
5. He always has a bath before going to bed.

1. .... ?
2. .... ?
3. .... ?
4. .... ?
5. .... ?

SCORE ..../5

COUP DE POUCE
Avant de construire les questions, demande-toi si les phrases expriment ou non la possession.

INFO
Utilise *too* à la fin de chaque question.

Corrigés p. 8

TOTAL ..../ 19

13 Les modaux : *can, shall, may*

Les auxiliaires modaux

- Les auxiliaires modaux modifient le sens des verbes qu'ils accompagnent. Ils expriment des **nuances variées** : capacité, obligation, interdiction, autorisation…
- **Règles générales d'utilisation**
  - Les auxiliaires modaux sont suivis de la base verbale (verbe à l'infinitif sans *to*).
  - Ils ont la même forme à toutes les personnes (donc pas d'*s* à la 3e personne du singulier du présent).
  - Ils se conjuguent sans *do* aux formes interrogative et négative.

★ 1 Coche la bonne réponse.

1. Pour dire que tu sais nager, que dois-tu employer après *can* ? ❑ swim ❑ swimming

2. Les auxiliaires modaux construisent leurs formes interrogative et négative comme un verbe lexical, avec *do*. ❑ vrai ❑ faux

SCORE ……… /2

COUP DE POUCE
Avant de répondre à ces questions, relis bien les règles générales d'utilisation.

Can

- Voici les **différentes significations** que peut prendre *can*.

Exemple	Signification
*I **can** swim.* Je sais nager. ***Can** you speak English?* Est-ce que tu sais parler anglais ?	capacité physique ou intellectuelle (traduit parfois par « savoir »)
***Can** I go out tonight?* Est-ce que je peux sortir ce soir ?	permission
***Can** you give me a cake?* Peux-tu me donner un gâteau ?	demande polie

- ***Be able to*** est un équivalent de *can* qui permet d'exprimer la capacité.
  *Will he **be able** to win the race?* Sera-t-il capable de gagner la course ?

★★ 2 Mrs West n'a pas le temps d'aller à la poste aujourd'hui. Elle laisse un message à sa fille. Remets les mots dans l'ordre pour savoir ce qu'elle lui demande de faire.

1. write / on / envelope / address / can / the / you / the / ?
2. the / code / find / you / can / zip / ?
3. me / for / go / post office / the / you / to / can / ?
4. letter / put / into / you / the / can / the / letterbox / ?

1. ……………………………………………………………………
2. ……………………………………………………………………
3. ……………………………………………………………………
4. ……………………………………………………………………

SCORE ……… /4

INFO
- *zip code* : code postal
- *find* : trouver

Can't

Exemple	Signification
*I **can't** repair the car.* Je ne peux pas réparer la voiture.	incapacité, impossibilité
*You **can't** go there alone.* Tu ne peux pas y aller tout seul.	interdiction

3 **Regarde le tableau et complète les phrases avec les prénoms qui conviennent.**

	Michael	Fiona
1. Can you speak Italian?	*Yes*	*No*
2. Can you ride a bike?	*No*	*Yes*
3. Can you skate?	*Yes*	*No*
4. Can you play the guitar?	*No*	*Yes*

1. .... can ride a bike.

2. .... can speak Italian.

3. .... can't play the guitar.

4. .... can't skate.

5. .... can skate.

SCORE ..../5

INFO
La forme négative entière de *can* est *cannot*. Elle est très rarement employée dans la conversation courante.

Could, shall et may

Exemple	Signification
*I **could** run quickly when I was young.* Je pouvais courir vite quand j'étais jeune.	capacité dans le passé (prétérit de *can*)
***Could** you close the window, please?* Pourrais-tu fermer la fenêtre, s'il te plaît ?	demande polie au conditionnel
***Shall** we go to the ice rink?* Si on allait à la patinoire ?	suggestion à la forme interrogative (à la 1re personne du singulier et du pluriel)
*It **may** rain.* Il se peut qu'il pleuve.	probabilité

4 **Transforme ces phrases en utilisant *may* ou *may not*.**

Ex. : *Perhaps they will come.* → *They may come.*
Perhaps he won't come. → *He may not come.*

1. Perhaps it will rain. → ....

2. Perhaps I won't be at home at five. → ....

3. He'll probably be late. → ....

4. We'll probably go to Spain in August. → ....

5. Perhaps she won't go to school tomorrow. → ....

SCORE ..../5

ATTENTION
En ajoutant l'auxiliaire *may*, tu dois supprimer *probably* et *perhaps* (peut-être) et la marque du futur (*will*/*won't*).

Corrigés p. 8-9

TOTAL ..../ 16

14 Les modaux : *must, have to, needn't*

Must, have to et *mustn't*

- ***Must*** est un auxiliaire modal (reporte-toi à l'unité 13 pour revoir les règles générales pour les auxiliaires modaux). Il a deux significations principales.

Exemple	Signification
*You **must** tidy your room.* Tu dois ranger ta chambre.	obligation
*She **must** be exhausted.* Elle doit être épuisée.	forte probabilité, déduction (c'est presque sûr)

- ***Have to*** permet également d'exprimer l'obligation, notamment au passé et au futur.

  *They **had to** wear a uniform.*
  Ils devaient porter un uniforme.
  *He **didn't have to** do the shopping.*
  Il n'a pas eu besoin de faire les courses.

- À la forme négative, *must* devient ***mustn't*** (forme contractée de *must not*). *Mustn't* permet d'exprimer l'interdiction.

  *You **mustn't** smoke.* Vous ne devez pas fumer.

1 **La grand-mère de Kevin lui a envoyé une lettre avec quelques conseils avant la rentrée des classes. Complète les phrases suivantes en employant *must* ou *mustn't*.**

If you want to be a good pupil:

1. You .... learn your lessons.
2. You .... do your homework.
3. You .... eat chewing gum at school.
4. You .... chat with your friends in class.
5. You .... listen to the teacher.

SCORE .... /5

ATTENTION
Observe bien l'orthographe de *mustn't*! Le premier t ne se prononce pas, mais il ne faut pas oublier de l'écrire.

Needn't et *don't have to*

- ***Needn't*** et ***don't have to*** expriment tous les deux une absence d'obligation.

  *You **needn't** do the washing-up. = You **don't have to** do the washing-up.*
  Tu n'as pas besoin de faire la vaisselle.

- Ne confonds pas l'absence d'obligation avec l'interdiction.

Absence d'obligation : *needn't/don't have to*	Interdiction : *mustn't*
*You **don't have to** drive quickly, we have plenty of time.* Tu n'as pas besoin de conduire vite, nous avons tout notre temps.	*You **mustn't** drive quickly, it's forbidden.* Tu ne dois pas conduire vite, c'est interdit.

2 Complète les phrases suivantes en utilisant *mustn't* ou *don't have to.*

1. You .... take the bus today. Your father is driving you to school.
2. You .... put your shoes on the table.
3. We .... run. We've got plenty of time.
4. He .... sleep late, he's getting up early tomorrow.
5. They .... go shopping now. They can go tomorrow.

SCORE ..../5

COUP DE POUCE
Demande-toi si l'on parle de quelque chose d'interdit ou de quelque chose que l'on n'est pas obligé de faire.

3 Comment dirais-tu que… ?

1. tu dois faire ton lit → I ....
2. il ne doit pas utiliser son portable à l'école → ....
....
3. il se peut que Ted aille à Londres l'été prochain → ....
....
4. tu n'as pas besoin de prendre ton parapluie, il ne pleut pas → I ....
....

SCORE ..../4

INFO
un portable : *a mobile*

4 Quelles sont les notions exprimées par les phrases suivantes ?

	Interdiction	Capacité	Absence d'obligation	Impossibilité	Obligation
1. I can play the piano.					
2. He didn't have to wash the car.					
3. She must write to her parents.					
4. They mustn't drink alcohol.					
5. We don't have to run.					
6. I can't buy a new car.					
7. You mustn't smoke.					

SCORE ..../7

COUP DE POUCE
Pour faire cet exercice, tu devras utiliser ce que tu as appris dans cette unité et dans l'unité 13.

Corrigés p. 9

TOTAL ..../ 21

15 Le présent simple

La forme affirmative

- Pour parler d'**actions habituelles**, de vérités générales, de faits permanents, on utilise le présent simple.

I work	we work
you work	you work
he, she, it works	they work

- À la forme affirmative, on utilise la base verbale à toutes les personnes. Cependant, la 3e **personne du singulier** se termine toujours par un *s*. Cette terminaison doit s'entendre et se prononce [s], [z] ou [ɪz].

1 **Complète les phrases ci-dessous en utilisant les verbes suivants :** *buy – like – cry – go – prefer – book.*

Vanessa and Kevin are at the cinema.

1. They .... to the cinema three times a week.

2. They always .... their seats in advance.

3. Vanessa .... detective films very much whereas Kevin .... love stories.

4. He .... a lot when the story is sad.

5. They often .... popcorns at the cinema.

SCORE ..../6

ATTENTION
Quand un verbe se termine par un *y* précédé d'une consonne, il prend la terminaison *-ies* à la 3e personne du singulier.

Les formes interrogative et négative

- Les formes interrogative et négative se construisent à l'aide de l'**auxiliaire** *do* (qui devient *does* à la 3e personne du singulier).

Forme interrogative	Forme négative
do I work?	I don't work
do you work?	you don't work
does he, she, it work?	he, she, it doesn't work
do we work?	we don't work
do you work?	you don't work
do they work?	they don't work

- Sois attentif à **l'ordre des mots** dans les phrases interrogative et négative.

Aux.	Sujet	Base verbale
Do	you	drive?

- **Attention !** La base verbale ne prend pas de *s*. C'est *does* qui porte la marque de la 3e personne du singulier.

Sujet	Aux. + négation	Base verbale
He	doesn't	understand.

2 Remets dans l'ordre les mots suivants pour construire des questions correctes.

1. Spain / you / go / to / do / year / every / ?
2. Deb / every / work / do / Sue / day / and / ?
3. you / do / ketchup / like / ?
4. Jenny / work / does / in / London / ?
5. play / Tim / with / does / him / cards / ?

Auxiliaire	Sujet	Base verbale	Complément(s)
1.			
2.			
3.			
4.			
5.			

SCORE ..../5

COUP DE POUCE
L'ordre des mots est très régulier. Observe les deux phrases qui sont à la 3e personne du singulier : le verbe porte-t-il la marque de la 3e personne du singulier ?

3 Construis une phrase négative pour dire que tu n'es pas d'accord.

Ex. : *Mr Carter sells shoes.* → *No, he doesn't sell shoes.*

1. Karen swims very well. → ....
2. Sylvia often wears jeans. → ....
3. The cartoons begin at seven. → ....
4. Betty's children speak Italian. → ....
5. He phones his mother every day. → ....

SCORE ..../5

ATTENTION
Si la phrase contient un adverbe de fréquence, tu dois le placer après la négation.

Les réponses brèves

- Pour formuler une réponse brève au présent simple, on reprend le sujet sous la forme d'un **pronom personnel** et **l'auxiliaire *do***.

Do the children like cereals?
– Yes, they do.
Does your brother swim well?
– Yes, he does.

Do you like jazz?
– No, I don't.
Does Tim speak German?
– No, he doesn't.

4 Trouve la réponse brève correspondant à chacune de ces questions.

1. Do you wear a uniform? – Yes, ...
2. Does your sister like playing golf? – Yes, ...
3. Do the children want to sleep? – No, ...
4. Does Peter often go to Africa? – No, ...
5. Do your sons play chess? – No, ...
6. Do you like detective films? – No, ...

SCORE ..../6

COUP DE POUCE
Pour choisir entre *do* ou *does*, observe bien l'auxiliaire et le sujet employés dans la question.

Corrigés p. 9-10

TOTAL ..../ 22

16 Le présent en *be* + V-*ing*

La forme affirmative

▸ Pour parler d'une **action qui se déroule** au moment où l'on parle, on emploie la forme verbale *be* + V-*ing* que l'on appelle aussi présent progressif (ou présent continu).

I am working	we are working
you are working	you are working
he, she, it is working	they are working

▸ Voici l'ordre des mots dans une phrase au présent en *be* + V-*ing*.

Sujet	Auxiliaire *be*	Base verbale + -*ing*	Complément
He	is	eating	an apple.

1 Compose des phrases au présent en *be* + V-*ing* à partir des éléments donnés.
Ex. : *he / read / a magazine → He's reading a magazine.*

ATTENTION N'oublie pas de conjuguer l'auxiliaire *be*!

1. they / wait / for the bus → ......
2. Mr Todd / drink / an orange juice → ......
3. we / write / a letter → ......
4. Gloria / sing / a Christmas carol → ......
5. Albert / do / his homework → ......
6. Jessica / read / a book → ......

SCORE ..../6

La forme interrogative

▸ Pour obtenir la forme interrogative, il suffit de faire l'**inversion** : l'auxiliaire passe avant le sujet.

Auxiliaire *be*	Sujet	Base verbale + -*ing*
Is	it	raining?

2 Un bruit bizarre t'a empêché d'entendre une partie de la phrase. Pose la question qui te permettra de comprendre de quoi on parle.

COUP DE POUCE Respecte la même construction pour toutes les phrases : mot interrogatif + auxiliaire + sujet + verbe.

1. Mrs Smith is buying a ???. → ...... ?
2. Peter is phoning his ???. → ...... ?
3. David is washing ???. → ...... ?
4. The children are going to the ???. → ...... ?
5. They are laughing because ???. → ...... ?

SCORE ..../5

La forme négative

▸ Pour obtenir la forme négative, on ajoute ***not*** après l'auxiliaire *be*.

Forme pleine		Forme contractée	
I am not working	we are not working	I'm not working	we aren't working
you are not working	you are not working	you aren't working	you aren't working
he, she, it is not working	they are not working	he, she, it isn't working	they aren't working

3 **Deux photos ont été prises à cinq minutes d'intervalle. On y retrouve les mêmes personnages, mais ils ne font plus les mêmes actions. Lis la description de la première photo et réécris les phrases à la forme négative pour montrer que tout a changé.**

1. Marlon and Stewart are drinking some lemonade. • **2.** Betty is talking to the waiter. • **3.** She is ordering an orange juice. • **4.** Albert is putting some sugar into his cup of tea. • **5.** Sandy is eating an ice cream. • **6.** And I'm paying for the drinks.

1. ....

2. ....

3. ....

4. ....

5. ....

6. ....

SCORE ..../6

> **COUP DE POUCE**
> La négation se place toujours après l'auxiliaire.

Les réponses brèves

▸ Pour former une réponse brève au présent en *be* + V-*ing*, on utilise un **pronom personnel** sujet suivi de **l'auxiliaire** ***be***.
Attention ! On n'utilise pas de forme contractée dans une réponse affirmative.

Is the train leaving at five? – ***Yes, it is.*** *Are you waiting? –* ***No, I'm not.***

4 **Trouve la réponse brève correspondant à chaque question.**

1. Are they waiting for a taxi? – Yes, ... **2.** Is your father sleeping? – No, ...

3. Are you working today? – No, ... **4.** Is Colin tidying his room? – Yes, ...

SCORE ..../4

> **COUP DE POUCE**
> Tu peux employer le sujet *I* ou *we* pour répondre à une question dont le sujet est *you*.

Corrigés p. 10-11

TOTAL ..../ 21

17 Présent simple ou présent en *be* + V-*ing* ?

L'emploi du présent simple

- Le présent simple sert à exprimer des goûts, des sentiments, à parler d'**actions habituelles**, de **faits permanents**.

  *I **like** chocolate.* J'aime le chocolat.
  *John **cooks** dinner every evening.* John prépare le dîner tous les soirs.
  *It often **snows** in winter.* Il neige souvent en hiver.

- Certains verbes tels que ***know***, ***understand***, ***want***, ***like***, ***prefer***, etc. s'emploient toujours au présent simple (et jamais au présent en *be* + V-*ing*) car ce qu'ils expriment ne concerne pas seulement le moment présent.

★★ 1 Un bruit bizarre t'a empêché d'entendre une partie de la phrase. Pose la question qui te permettra de comprendre de quoi il s'agit.

ATTENTION
N'oublie pas d'employer l'auxiliaire *do* ou *does* pour construire tes questions.

1. Her parents understand ??? very well.

   .... ?

2. They like going to the ???.

   .... ?

3. He usually buys a cake on ???.

   .... ?

4. Their son wants a ??? for his birthday.

   .... ?

5. We prefer Channel 4 because ???.

   .... ?

SCORE ..../5

L'emploi du présent en *be* + V-*ing*

- On emploie le présent en *be* + V-*ing* (présent progressif) pour parler d'**actions qui se déroulent** au moment où l'on parle.

  *What **is** he **doing** in the bathroom?* Que fait-il dans la salle de bains ?
  *He **is washing** his hair.* Il se lave les cheveux.

★ 2 Choisis la forme verbale qui convient.

COUP DE POUCE
Repère bien s'il s'agit d'une action habituelle ou pas.

1. Sheila .... to the country every weekend. (goes / is going)
2. Harry can't answer the phone. He .... a bath. (has / is having)
3. They .... squash on Wednesdays. (play / are playing)
4. We're at the bus stop. We .... for the bus. (wait / are waiting)

SCORE ..../4

Quel présent employer ?

▸ Note bien que l'on ne donne **pas la même information** lorsque l'on dit :

*She **plays** tennis.* Elle joue au tennis. [Cela fait partie de ses activités.]
*She **is playing** tennis.* Elle joue au tennis. [C'est ce qu'elle est en train de faire en ce moment.]

★ 3 Coche les bonnes réponses.

1. Une phrase au présent en *be* + V-*ing* contient :

❑ l'auxiliaire *do*. ❑ l'auxiliaire *be*.

2. Laquelle de ces deux phrases comporterait un verbe au présent en *be* + V-*ing*?

❑ Il est dans sa chambre, il écoute la radio. ❑ Il écoute la radio tous les soirs.

3. Le présent en *be* + V-*ing* permet de parler :

❑ d'actions habituelles. ❑ de ce qui se déroule en ce moment.

SCORE ..../3

COUP DE POUCE
Reporte-toi aux explications de la page 38 pour répondre à ces questions.

★★ 4 En rédigeant ses questions, William a oublié tous les auxiliaires. Complète son texte en employant l'auxiliaire qui convient.

1. .... you work in an office?

2. What .... you doing now?

3. .... you working or surfing on the web?

4. .... your brother work in an office too?

5. What .... he doing this afternoon?

SCORE ..../5

ATTENTION
Observe bien la forme du verbe (base verbale ou terminaison en -*ing*) pour choisir le bon auxiliaire.

★ 5 Des étoiles cachent certaines lettres de ces mots. Note les lettres qui manquent. Elles te permettront de découvrir ce que dit le personnage.

l★ttle • b★s • ★tar • yo★ng • marm★★ade • ★ong • ★ou • ★hen • cin★m★ • a★tist • ★ood • umbrel★★ • pa★★port • sometim★★ • ★reakfast • pict★re • ★able • t★me • o★elette • ★★body • ★omorro★ • br★★kfast • F★★day • eveni★★ • ★★ere • r★★ember • doc★★r • Wednes★★★

....
....
....
....
....
....
....
....

SCORE ..../4

COUP DE POUCE
Les mots incomplets sont simples. Il y a plusieurs mots transparents et d'autres mots que tu peux retrouver dans le lexique p. 60.

Corrigés p. 11

TOTAL ..../ 21

18 Le prétérit

Le prétérit des verbes réguliers

- Le prétérit est un temps du passé. On l'utilise pour parler d'**événements passés, détachés du présent**, qui appartiennent à un temps révolu.
- Le prétérit des verbes réguliers se termine par ***-ed*** à toutes les personnes.

  work → *I work**ed*** *love* → *I lov**ed***
- La terminaison doit s'entendre. On **prononce [t] ou [d]** selon la voyelle ou la consonne qui précède. Il faut choisir la prononciation la plus facile, celle qui vient le plus naturellement. Le nombre de syllabes reste le même que celui de la base verbale.

  look → *look**ed*** [t] [une syllabe] *clean* → *clean**ed*** [d] [une syllabe]
- On prononce **[ɪd]** lorsque la base verbale se termine par le son [t] ou [d], sinon *-ed* ne s'entendrait pas. Le prétérit compte alors une syllabe de plus que la base verbale.

  want [une syllabe] → *wanted* [ɪd] [deux syllabes]

  repeat [deux syllabes] → *repeated* [ɪd] [trois syllabes]

★ 1 Complète ces cinq phrases en mettant au prétérit simple les verbes suivants : *want – phone – play – live – stay*.

INFO
last Sunday : dimanche dernier.

1. Charles .... at home last Sunday.
2. Jenny .... to buy a game.
3. Carolyn .... tennis with her best friend.
4. Margaret .... her grandmother yesterday.
5. Tim and John .... in Australia.

SCORE .... /5

Le prétérit des verbes irréguliers

- Un certain nombre de verbes ne forment pas leur prétérit en *-ed*. Ils ont une forme irrégulière qu'il faut apprendre par cœur. Cette forme est la même à toutes les personnes.

  buy → ***I bought, you bought...*** *see* → ***I saw, you saw...***
- Reporte-toi à la liste de ces verbes irréguliers, pages 27-28 du livret des corrigés.

★★ 2 Complète ce petit texte en mettant au prétérit les verbes suivants. Ils sont donnés dans le bon ordre : *see – have – examine – tell – have – give – go – need*.

COUP DE POUCE
- Six verbes de la liste sont irréguliers.
- *flu* : la grippe
- *prescription* : ordonnance
- *medicine* : médicaments

1. I .... the doctor last Tuesday because I .... a temperature.
2. The doctor .... me and .... me I .... the flu.
3. He .... me a prescription.
4. My mother .... to the chemist's to buy the medicine I ....

SCORE .... /8

Les formes interrogative et négative. Les réponses brèves

- Au prétérit, les formes interrogative et négative se construisent avec l'**auxiliaire *did*** et la **base verbale**.

  ***Did** you **see** John yesterday?* As-tu vu John hier ?
  *I **didn't like** the film.* Je n'ai pas aimé le film.

  Did est la marque du prétérit ; le verbe reste à la base verbale.
  Il n'y a pas de différence de construction entre verbes réguliers et verbes irréguliers.

- Dans les réponses brèves au prétérit, on utilise le pronom personnel sujet et l'auxiliaire *did*.

  *Did Jeff go to London? – **No, he didn't**.*

3 Mets les phrases suivantes à la forme interrogative, puis négative.

COUP DE POUCE
Phrase 3 : attention aux formes interrogative et négative de *be*.

1. I knew that man.
   → Did you .... ? → No, I didn't ....
2. The girls met their friends.
   → .... ?
   → ....
3. Tom was in Paris last month.
   → .... ?
   → ....
4. I saw a good film yesterday.
   → .... ?
   → ....

SCORE .... /8

Ago

- L'adverbe *ago* s'emploie pour parler du **temps écoulé depuis la fin d'une action**.
  Il se place après l'expression de temps et s'emploie toujours avec le prétérit simple.

  *When did you go to London? – I went there **two months ago**.*
  Quand es-tu allé à Londres ? – J'y suis allé il y a deux mois.

4 Réponds aux questions en utilisant le complément de temps donné et *ago*.

Ex. : *When did you buy this tee-shirt?* (two days) → *I bought it two days ago.*

1. When did you visit the Tower of London? (five months) ....
   ....
2. When did you finish your homework? (an hour) ....
3. When did you see that film? (two weeks) ....
4. When did you go to the zoo? (three days) ....

SCORE .... /4

ATTENTION
Dans la réponse, n'oublie pas que c'est le verbe qui doit prendre la marque du prétérit.

Corrigés p. 11-12

TOTAL .... / 25

19 Le prétérit de *be* et le prétérit en *be* + V-*ing*

Le prétérit de *be*

- *Be* est le seul verbe ayant deux formes au prétérit : ***was*** et ***were***.

I was	we were
you were	you were
he, she, it was	they were

- Pour construire la **forme interrogative**, on fait passer l'auxiliaire avant le sujet.

__Were they__ at the ice rink yesterday?
Étaient-ils à la patinoire hier ?

- Pour construire la **forme négative**, on ajoute la négation ***not*** après l'auxiliaire.

Au singulier		**Au pluriel**	
Forme pleine	**Forme contractée**	**Forme pleine**	**Forme contractée**
I was not	I wasn't	we were not	we weren't
you were not	you weren't	you were not	you weren't
he, she, it was not	he, she, it wasn't	they were not	they weren't

- Dans les **réponses brèves**, on utilise le pronom personnel sujet et l'auxiliaire.

Was she at school? – __Yes, she was.__ *Was it a good film? – __No, it wasn't.__*

★ 1 Complète ce récit avec la bonne forme de *be* au prétérit.

1. We .... at the seaside yesterday.
2. We .... very lucky because the weather .... beautiful.
3. It .... very sunny.
4. There .... no clouds in the sky.
5. It .... hot.
6. That .... a very pleasant day.

SCORE ..../7

COUP DE POUCE
Observe bien les sujets avant de choisir *was* ou *were*.

★ 2 Donne des réponses brèves aux questions suivantes.

1. Were the children in Oxford? – Yes, ...
2. Was the film interesting? – Yes, ...
3. Were you late? – No, ...
4. Was Michael happy? – Yes, ...
5. Were the books for me? – No, ...

SCORE ..../5

COUP DE POUCE
Tu peux employer le sujet *I* ou *we* pour répondre à une question contenant *you*, mais cela change la forme verbale.

Le prétérit en *be* + V-*ing* (ou prétérit progressif)

- Le prétérit existe sous deux formes : le prétérit simple et le prétérit en *be* + V-*ing*.
- Le prétérit en *be* + V-*ing* se construit ainsi :
auxiliaire *be* au prétérit + base verbale + -*ing*.

*He **was** sing**ing**.* Il chantait.
*They **weren't** watch**ing** the film.* Ils ne regardaient pas le film.
***Were** you sleep**ing**?* Est-ce que vous dormiez ?

★★ **3** **Construis des phrases au prétérit en *be* + V-*ing* en utilisant les verbes donnés, à la forme affirmative ou négative.**

1. She was in her room but she .... (not work)
2. The girls .... in the garden. (play)
3. Everybody .... (dance)
4. We .... to music. (not listen)
5. The children .... their homework in the living room. (not do)

SCORE ..../5

COUP DE POUCE
Construis des phrases à la forme négative quand le verbe donné entre parenthèses est précédé de *not*.

Emploi du prétérit en *be* + V-*ing*

- Le prétérit en *be* + V-*ing* exprime des **actions qui étaient en cours dans le passé.**

*She **was preparing** her birthday party.* Elle préparait son anniversaire.

- Il s'emploie souvent **en opposition avec le prétérit simple**. Le prétérit en *be* + V-*ing* exprime alors l'action qui se déroulait dans le passé et qui avait une certaine durée. Le prétérit simple exprime le fait nouveau qui se produit.

*Jenny **was waiting** for the bus when she **saw** him.*
Jenny attendait le bus quand elle le vit.

★★ **4** **Mets les mots dans le bon ordre et construis des phrases reliées par *when*. Écris sous chaque dessin la phrase qui lui correspond.**

was / the / he / doing / washing-up •		• having / breakfast / were / they
called / I / them •	when	• a / I / found / bracelet
walking / park / in / was / I / the •		• broke / glass / a / he

....

....

SCORE ..../3

COUP DE POUCE
Observe bien les dessins pour construire des phrases logiques.

Corrigés p. 12

TOTAL ..../ 20

20 L'expression de l'avenir

Be going to + base verbale

- L'expression ***be going to*** sert souvent à exprimer l'**intention**, la **résolution**, à **prédire un événement**.
- Dans cette expression, l'auxiliaire *be* se conjugue au présent. *Going to* et la base verbale restent invariables.

*They **are going to play** Monopoly.* Ils vont jouer au Monopoly.
***Are** you **going to write** to him?* Vas-tu lui écrire ?
*He **is not going to** dive.* Il ne va pas plonger.

★★ 1 Jane vient d'arriver à son club de sport. Que va-t-elle y faire et dans quel ordre ? Rédige un paragraphe parlant de ce que Jane a l'intention de faire.

COUP DE POUCE Les phrases devront toutes avoir la même construction. Seul l'auxiliaire *be* se conjugue.

- Put on her trainers and shorts.
- Have a shower after the match.
- Then play squash with her friend Pam.
- Take off her shoes and jeans.
- Have a fitness lesson first.

1. Jane ....
2. She ....
3. ....
4. ....
5. ....

SCORE ..../5

★★ 2 Utilise les éléments donnés pour construire une question.
Ex. : *you / do the washing-up* → *Are you going to do the washing-up?*

COUP DE POUCE La forme interrogative se construit sur le modèle suivant : auxiliaire + sujet + *going to* + base verbale.

1. Pamela / wash her sweater
.... ?
2. the Bronsons / invite the Millers
.... ?
3. Ted / send her a postcard
.... ?
4. they / buy the tickets
.... ?

SCORE ..../4

D'autres façons d'exprimer l'avenir

- On peut également exprimer le futur en utilisant le **présent en *be* + V-*ing*** lorsque la phrase contient un **complément de temps évoquant le futur**.

  *They **are leaving** next Tuesday.* Ils partent mardi prochain.

- L'**auxiliaire modal *will*** permet également d'exprimer le futur. Il peut traduire une intention, mais aussi un futur inévitable, un fait qui n'est pas le résultat d'une décision.
  - À la forme affirmative : ***will*** (ou *'ll*) + **base verbale**.

    ***I'll go** to the theatre next Saturday.* J'irai au théâtre samedi prochain.
  - À la forme négative : ***will not*** (ou ***won't***) + **base verbale**.

    *The Johnsons **won't come** tomorrow.* Les Johnson ne viendront pas demain.
  - À la forme interrogative : ***will*** + sujet + **base verbale**.

    ***Will** you **go** to the dentist's next Monday?* Iras-tu chez le dentiste lundi prochain ?

3 Construis des phrases exprimant le futur de trois manières différentes.

Ex. : *I / take the train / tonight* → *I'm taking the train tonight.*
→ *I'm going to take the train tonight.* → *I'll take the train tonight.*

1. we / have a tennis lesson / at five → ....
   → ....
   → ....
2. they / go to Italy / in July → ....
   → ....
   → ....

SCORE ..../6

COUP DE POUCE
Rappelle-toi que tu as appris à parler de l'avenir en utilisant :
– le présent en *be* + V-ing,
– l'expression *to be going to*
– ou le modal *will*.

Les réponses brèves

- Pour construire une réponse brève à une question portant sur l'avenir, on utilise un pronom personnel sujet suivi de l'auxiliaire contenu dans la question.

  *Are they going to buy a piano? – **No, they aren't.***
  *Will he go to the concert? – **Yes, he will.***
  *Are you taking the train tomorrow? – **Yes, I am.***

- Note que, dans une réponse affirmative, on ne doit pas employer de forme contractée.

4 Trouve la réponse brève qui correspond à chacune des phrases suivantes.

1. Will you come with us? – No, ...
2. Is he going to write a letter? – Yes, ...
3. Will they be in France next month? – Yes, ...
4. Is she going to answer the phone? – No, ...
5. Are they going to walk back home? – Yes, ...

SCORE ..../5

INFO
- *next month* : le mois prochain
- *to walk back home* : rentrer à la maison à pied

Corrigés p. 12-13

TOTAL ..../ 20

21 L'impératif

L'impératif à la 2e personne du singulier ou du pluriel

- En anglais, comme en français, on emploie l'impératif pour donner des **ordres**, des **conseils** ou formuler des **interdictions**.
- L'impératif à la 2e personne du singulier ou du pluriel se forme tout simplement à l'aide de la **base verbale** dans des phrases sans sujet.

  ***Give** me the key.* Donne-moi la clé.
  ***Look** at the road.* Regardez la route.

  Il n'y a pas de différence entre la 2e personne du singulier et la 2e personne du pluriel.
- À la **forme négative**, la base verbale est précédée de ***don't***.

  ***Don't wake** him up.* Ne le réveillez pas.
  Don't worry. Ne t'inquiète pas.

★ 1 Demande à ces personnages de ne pas faire ce qu'ils font.

COUP DE POUCE Emploie l'impératif à la forme négative pour exprimer ces interdictions.

1. The girl is feeding the animals. → ....
2. He's smoking. → ....
3. She is eating. → ....
4. He is running. → ....
5. They're watching TV. → ....
6. The boy is shouting. → ....
7. My little sister is writing on the wall. → ....

SCORE ..../7

★★ 2 Un touriste demande son chemin pour se rendre à Buckingham Palace. Transforme les indications qu'on lui donne en phrases impératives.

ATTENTION Observe bien les phrases de départ pour savoir si tu dois employer la forme affirmative ou négative.

1. You must go straight on.
→ ....
2. You mustn't take the first street on your right.
→ ....
3. You mustn't cross the bridge.
→ ....
4. You must look right before crossing the street.
→ ....
5. You must walk to the crossroads.
→ ....
6. You must turn left. → ....

SCORE ..../6

L'impératif à la 1re personne du pluriel

- À la 1re personne du pluriel, l'impératif se construit ainsi : *let us* (*let's*) + base verbale. On emploie alors l'impératif pour exprimer une **suggestion**, une **proposition**.

  Let's dance. Dansons.
  ***Let's go** to the restaurant.* Allons au restaurant.

3 **Sandy a invité quelques amis. Que dit-elle pour leur proposer… ?**

1. de jouer aux cartes → ……………………………………
2. de regarder un DVD → ……………………………………
3. d'écouter de la musique → ……………………………………
4. de danser → ……………………………………
5. de prendre une boisson → ……………………………………

SCORE ……../5

COUP DE POUCE
Toutes les phrases commencent par le même mot.

4 **Barre les ordres qui ne correspondent pas à ce que des parents diraient à leurs enfants.**

COUP DE POUCE
Pense à consulter le lexique p. 60 si tu ne comprends pas certains ordres.

SCORE ……../12

Corrigés p. 13

TOTAL ……../ 30

22 Le gérondif

La formation du gérondif

- Le gérondif est très souvent employé en anglais. Il n'a pas d'équivalent exact en français, mais il **peut se traduire par un nom ou par un infinitif**.
- Il se forme en ajoutant *-ing* à la **base verbale**.

  *I like **swimming** in the sea.* J'aime nager dans la mer.

  Cet ajout peut entraîner certaines modifications orthographiques :
  – si le verbe se termine par un ***e* muet**, celui-ci disparaît ;
  ride → riding *come → coming*
  – si le verbe se termine par *-ie*, le *i* devient un *y* et le *e* disparaît ;
  die → dying *lie → lying*
  – si le verbe se termine par **consonne + voyelle + consonne**, cette dernière est doublée.
  swim → swimming *run → running*

★ 1 Mets ces verbes au gérondif.

1. cook → ....
2. read → ....
3. swim → ....
4. ride → ....
5. fly → ....
6. come → ....
7. get up → ....
8. buy → ....
9. run → ....

SCORE ..../9

ATTENTION
Trois verbes doublent leur consonne finale.

Préposition + gérondif

- On emploie le gérondif **après une préposition**.

  *He came **without** telling me.* Il est venu sans me le dire.
  *Call me **before** coming.* Appelle-moi avant de venir.
  *I am fond **of** skiing.* J'adore le ski.

★★ 2 Relie les deux phrases comme dans l'exemple.

Ex. : *He went to school. He didn't take his umbrella.*
→ *He went to school without taking his umbrella.*

1. My father bought a plane ticket. He didn't tell my mother.
....
2. She made a cake. She didn't put eggs in it.
....
3. They talked to me. They didn't look at me.
....
4. Jane went to school. She didn't do her homework.
....

SCORE ..../4

COUP DE POUCE
Il s'agit d'utiliser la préposition *without* (sans) + gérondif.

Verbe + gérondif

- On emploie le gérondif pour exprimer ce que l'on aime ou ce que l'on n'aime pas faire en général, après des verbes tels que ***enjoy***, ***like***, ***love***, ***hate***, ***prefer***.

  *I enjoy **going** to the theatre.* J'aime aller au théâtre.
  *I hate **getting up** early.* Je déteste me lever tôt.
  *I prefer **walking** in the forest.* Je préfère marcher dans la forêt.

3 John n'est pas très conciliant ! Il veut toujours faire autre chose que ce qu'on lui propose. Complète ses réponses en t'aidant de l'exemple.

Ex. : *Do you want to go to the theatre? (concert) → – No, I prefer going to the concert.*

1. Do you want to watch TV? (read)

– No, ...

2. Do you want to visit Buckingham Palace? (go to the cinema)

– No, ...

3. Do you want to play tennis? (play cards) – No, ...

4. Do you want to go to the zoo? (go for a walk) – No, ...

SCORE .... /4

ATTENTION
Prefer est suivi d'un gérondif.

4 Construis des phrases en utilisant des gérondifs.

Ex. : *Tim plays cricket. (like) → Tim likes playing cricket.*

1. Samantha collects stamps. (like) ....
2. My mother drives. (enjoy) ....
3. Greg often swims in the ocean. (prefer) ....
4. Ann doesn't write letters. (hate) ....

SCORE .... /4

COUP DE POUCE
Tu dois supprimer la négation dans la phrase 4.

Expressions + gérondif

- On emploie le gérondif après certaines expressions telles que : ***what about/how about*** (et si... ?), ***I don't mind*** (ça ne me dérange pas), ***to be good at*** (être bon en), ***to be fond of*** (adorer), ***to be fed up with*** (en avoir assez de).

  *What about **going** to the restaurant?* Et si on allait au restaurant ?
  *I don't mind **coming** earlier.* Cela ne me dérange pas de venir plus tôt.

5 Comment dirais-tu... ?

1. Et si on allait au cinéma ce soir ? → ....
2. John en a assez d'attendre le train. → ....
3. Mes parents aiment voyager. → ....
4. Mon frère est bon en chant. → ....
5. Cela ne me dérange pas de faire ton lit. → ....

SCORE .... /5

COUP DE POUCE
What about et *how about* sont des expressions qui servent à faire une suggestion, à proposer une activité.

Corrigés p. 13-14

TOTAL .... / 26

23 Les adverbes

Les adverbes de manière

- Les **adverbes de manière** (adverbes en -ment en français) se forment généralement en ajoutant *-ly* à l'**adjectif**.

  *patient → patient**ly***   *quick → quick**ly***
  *Sam plays **dangerously**.* Sam joue dangereusement.

- **Attention !**
  - Si l'adjectif est terminé par un *y* précédé d'une consonne, le *y* se change en *i* :

    easy → easily.
  - Les adverbes correspondant aux adjectifs terminés par *-le* se forment sur le modèle de *simple* : *simple → simply*.

1 Transforme en adverbes de manière les adjectifs suivants puis complète les phrases :

quick – happy – dangerous – slow – patient.

1. He's a bad driver. He drives .... • **2.** We waited for the bus .... • **3.** She won the race, she ran very .... • **4.** They lived .... • **5.** I was late because I walked very ....

SCORE ..../5

ATTENTION
- Tu dois modifier l'orthographe de l'adjectif *happy* avant de le transformer en adverbe.
- *slow* : lent

Les adverbes de fréquence

- ***Sometimes*** (quelquefois), ***usually*** (habituellement), ***often*** (souvent), ***always*** (toujours), ***never*** (jamais) sont des adverbes qui permettent de préciser à quelle **fréquence** se produit l'action exprimée par le verbe.

  *He is **always** late.* Il est toujours en retard.

- **Attention !** Ces adverbes se placent :

  – avant le verbe quand il est seul :
  *She **never** travels alone.* Elle ne voyage jamais seule.

  – après l'auxiliaire :
  *Paul doesn't **often** watch TV.* Paul ne regarde pas souvent la télé.

  – toujours après *be* :
  *I am **always** early.* Je suis toujours en avance.

2 Place l'adverbe au bon endroit dans la phrase.

1. They will find the right answer. (never) → ....

2. My cousins go to the museum. (often) → ....

3. This student is late. (always) → ....

4. He drinks sodas. (sometimes) → ....

5. The children go to bed at nine. (usually) → ....

SCORE ..../5

COUP DE POUCE
Pour bien placer les adverbes de fréquence, relis attentivement le rappel de cours qui se trouve juste au-dessus de cet exercice.

3 Paul a des habitudes pour le petit déjeuner. Remets en ordre les mots de ces phrases.

1. the / have / I / breakfast / always / in / kitchen
2. have / usually / I / breakfast / tea / for
3. I / radio / sometimes / listen / the / to
4. of / a / often / I / milk / glass / drink
5. never / cereals / breakfast / for / eat / I
6. have / marmalade / don't / I / often / and / toast

1. ....
2. ....
3. ....
4. ....
5. ....
6. ....

SCORE ..../6

COUP DE POUCE
Pour parler des habitudes de Paul, on emploie le présent simple. L'adverbe doit alors se placer entre le sujet et le verbe.

Les adverbes *well* et *very much*

- *Well* (bien) et *very much* (beaucoup) sont des adverbes exprimant respectivement la **qualité** et l'**intensité**.

  This tourist speaks French ***well****.* Ce touriste parle bien français.
  My brother likes rugby ***very much****.* Mon frère aime beaucoup le rugby.

- *Well* et *very much* se placent après le groupe formé par le verbe et son complément.

4 Comment dirais-tu que... ?

1. il prend toujours son petit déjeuner à 8 heures

....

2. ils aiment beaucoup le football

....

3. tu ne regardes jamais la télévision l'après-midi

I ....

4. Brian ne comprend pas très bien le français

....

5. tu n'aimes pas beaucoup ce livre

....

SCORE ..../5

ATTENTION
Réfléchis bien à la place de chaque adverbe. C'est très différent du français.

Corrigés p. 14

TOTAL ..../ 21

LA PHRASE

24 Les questions

Généralités

- Il existe **deux types de questions** :
  – les *yes-no questions* : on y répond par « oui » ou « non » (questions fermées) ;
  – les *wh- questions* qui sont introduites par des mots interrogatifs (questions ouvertes).
- Dans une phrase interrogative, on place l'**auxiliaire avant le sujet**. Quand la phrase affirmative ne contient pas d'auxiliaire, on fait appel à *do*/*does* [présent] ou *did* [prétérit] pour construire la forme interrogative.

Forme affirmative	Forme interrogative
It's going to rain.	Is it going to rain?
They live in Canada.	Do they live in Canada?
They bought a camera.	Did they buy a camera?

- Les *yes-no questions* **commencent** donc **toujours par un auxiliaire**.

★★ 1 Transforme les phrases en *yes-no questions*.

1. Noemie and her brother are in a clothes shop. **2.** They are talking to the shop assistant. **3.** Noemie wants to buy new jeans. **4.** Her brother is going to buy a sweater tomorrow. **5.** They really like buying clothes.

1. .... ? • **2.** .... ? • **3.** .... ? • **4.** .... ? • **5.** .... ?

SCORE ..../5

ATTENTION
N'oublie pas qu'une *yes-no question* doit toujours commencer par un auxiliaire.

Les *wh- questions*

On utilise	pour interroger sur	Exemples
what	la chose, l'action	***What** are they watching?* Que regardent-ils ?
who	l'identité	***Who** is he calling?* Qui appelle-t-il ?
whose	l'appartenance	***Whose** ball is it?* À qui est ce ballon ?
when	le temps	***When** did they come?* Quand sont-ils venus ?
where	le lieu	***Where** does she live?* Où habite-t-elle ?
why	la cause	***Why** are you laughing?* Pourquoi riez-vous ?
what time	l'heure	***What** time is it?* Quelle heure est-il ?
which	le choix	***Which** pen do you prefer?* Quel stylo préfères-tu ?

★ 2 Observe les réponses et complète les questions.

1. .... are your parents doing? – They're reading. • **2.** .... umbrella is it? – It's Steve's. • **3.** .... are you playing with? – I'm playing with Tom. • **4.** .... are they leaving? – Tomorrow.

SCORE ..../4

COUP DE POUCE
La réponse t'aidera à bien compléter la question.

Les questions avec *how*

On utilise	pour interroger sur	Exemples
how	la manière	***How*** *do you spell your name?* Comment épelles-tu ton nom ?
how old	l'âge	***How old*** *is Tom?* Quel âge a Tom ?
how many (+ dénombrable au pluriel)	le nombre	***How many*** *tickets did you buy?* Combien de billets as-tu achetés ?
how much (+ indénombrable)	la quantité	***How much*** *bread do you want?* Combien de pain veux-tu ?
	le prix	***How much*** *is it?* Combien cela coûte-t-il ?
how often	la fréquence	***How often*** *do you play tennis?* Tu joues souvent au tennis ?
how long	la durée	***How long*** *does it take to go there?* Combien de temps faut-il pour y aller ?
how far	la distance	***How far*** *is the station?* À quelle distance est la gare ?

★★ 3 Pose des questions portant sur les mots soulignés.
Tu peux utiliser des *wh- questions* et des questions avec *how*.

1. They have got two cats. → .... ?
2. This dress is 20 pounds. → .... ?
3. They play tennis twice a week. → .... ?
4. It's Andy's coat. → .... ?

SCORE ..../4

INFO
- *Twice a week* : deux fois par semaine
- *a pound* : une livre sterling, monnaie anglaise = environ 1,20 €.

Place de la préposition

- Si le verbe utilisé dans la phrase interrogative se construit avec une préposition, celle-ci doit rester **après le verbe dans la question**.

  Where did he come ***from****?* D'où venait-il ?
  What are you waiting ***for****?* Qu'attendez-vous ?

★★ 4 Pose les questions qui correspondent aux réponses suivantes.
Ex. : *What are you playing with? – I am playing with a ball.*

1. .... ? – I am looking at a painting.
2. .... ? – I am waiting for the bus.
3. .... ? – I am listening to dance music.
4. .... ? – I come from Italy.

SCORE ..../4

ATTENTION
Ne te laisse pas influencer par les constructions françaises. L'ordre des mots est très différent en anglais.

Corrigés p. 14-15

TOTAL ..../ 17

LA PHRASE

25 Les phrases réduites

Les *question tags*

- Les *question tags* sont des questions courtes qui viennent en fin de phrase et qui servent généralement à demander confirmation ; ils peuvent aussi exprimer la surprise. Ils sont l'équivalent du français « **n'est-ce pas ?** », mais sont employés beaucoup plus systématiquement que ne l'est cette locution en français.
- Construction des *tags*

1re partie affirmative → *tag* avec une négation : auxiliaire + *not* + pronom personnel *It's delicious,* ***isn't it****?* C'est délicieux, n'est-ce pas ? ⊕ ⊖
1re partie négative → *tag* sans négation : auxiliaire + pronom personnel *My parents aren't late,* ***are they****?* Mes parents ne sont pas en retard, n'est-ce pas ? ⊖ ⊕

- Le *question tag* est toujours précédé d'une virgule et suivi d'un point d'interrogation. Pourtant ce n'est pas une vraie question. Dans ce cas, l'**intonation** est **descendante**.

Julian doesn't wear glasses, does he? ↘

★★ 1 Les parents de Steve sont très étonnés par les multiples qualités du nouveau camarade de leur fils. Ajoute des *question tags* à leurs phrases pour les aider à exprimer leur surprise.

1. Thomas is very intelligent, ... ?
2. He can speak a lot of foreign languages, ... ?
3. He never disobeys his parents, ... ?
4. He runs very quickly, ... ?
5. He won the semi-marathon last September, ... ?
6. He has got a beautiful voice, ... ?
7. He will be famous one day, ... ?

SCORE ..../7

COUP DE POUCE

Avant de construire le *question tag*, demande-toi pour chaque phrase si elle contient déjà un auxiliaire. Si elle n'en contient pas, observe bien le temps de la phrase pour choisir l'auxiliaire qui convient.

Les *tags* de contraste

- On emploie les *tags* de contraste pour **exprimer une différence.**

  Emma played cards yesterday, but Bob didn't.
  Emma a joué aux cartes hier, **mais pas** Bob.

- Si la première partie est affirmative, le *tag* est négatif et inversement.

  *John **is** ill, (but) Mary **isn't**.* John est malade, (mais) pas Mary.
  ⊕ ⊖

  *Kate **isn't** going to school today, (but) her brother **is**.*
  ⊖ ⊕

  Kate ne va pas à l'école aujourd'hui, (mais) son frère si.

2 **Complète les phrases suivantes en exprimant un contraste.**

Ex. : *Jane is coming to the party, but Joe isn't.*

1. John can't play the guitar, but Joe ....
2. Bob wrote some letters, but Joe ....
3. Maureen didn't like the film, but Joe ....
4. Susan won't listen to you, but Joe ....
5. Kathy lives in a big city, but Joe ....

SCORE ..../5

COUP DE POUCE
Si la phrase contient un auxiliaire, tu dois le réutiliser.
Si elle n'en contient pas, tu dois utiliser l'auxiliaire qui correspond au temps de cette phrase.

Les réponses brèves

- En anglais, on répond rarement par *yes* ou *no* employés seuls. On utilise :

Yes + pronom personnel sujet + auxiliaire, dans le cas d'une **réponse affirmative**. *Do you speak French?* ***– Yes, I do.*** Parlez-vous français ? – Oui. *Can you play the violin?* ***– Yes, I can.*** Sais-tu jouer du violon ? – Oui.
No + pronom personnel sujet + auxiliaire + négation, dans le cas d'une **réponse négative**. *Are the children sleeping?* ***– No, they aren't.*** Les enfants dorment-ils ? – Non. *Can you drive?* ***– No, I can't.*** Savez-vous conduire ? – Non.

- **Attention !** Dans une réponse brève à la forme affirmative, on ne doit pas employer de forme contractée. Ex. : *Are you tired?* ***– Yes, I am.***

3 **Trouve les réponses brèves correspondant aux questions suivantes.**

1. Do they like tea? – Yes, ...
2. Will she be ready at five? – No, ...
3. Did they call you? – No, ...
4. Can you drive? – Yes, ...
5. Does she play tennis? – No, ...

SCORE ..../5

COUP DE POUCE
Observe bien les sujets et les auxiliaires avant de construire les réponses brèves.

Corrigés p. 15

TOTAL ..../ 17

LA PHRASE

26 Les phrases exclamatives

How + adjectif ou adverbe

L'**exclamation** peut s'exprimer de différentes manières. Elle peut porter sur un **adjectif**, un **adverbe** ou un **groupe nominal**.

- L'exclamation introduite par ***how*** porte soit sur un **adjectif**, soit sur un **adverbe**.

  ***How** expensive it is!* Comme c'est cher !
  ***How** carefully he drives!* Comme il conduit prudemment !

- **Attention** à l'ordre des mots ! Il n'y a pas d'inversion car il ne s'agit pas d'une phrase interrogative. Compare ces deux phrases.

  *How old **he is**!* Comme il est vieux ! [phrase exclamative]
  *How old **is he**?* Quel âge a-t-il ? [phrase interrogative]

- Il peut arriver que le verbe *be* et le sujet soient **sous-entendus**.

  How awful! [*How awful it is!*] Comme c'est affreux !

★★ 1 **Transforme les phrases suivantes en phrases exclamatives.**

Ex. : *This film is too boring.* → *How boring it is!*

1. This car is too expensive. → ....
2. These trousers are too short. → ....
3. This motorbike is too dangerous. → ....
4. This bag is too heavy. → ....
5. These exercises are too difficult. → ....

SCORE .... /5

COUP DE POUCE
L'exclamation porte sur des adjectifs. Les phrases exclamatives présentent toutes la même construction : *How* + adjectif + pronom personnel + auxiliaire *be*.

So + adjectif ou adverbe

- L'exclamation introduite par *so* porte également sur un **adjectif** ou sur un **adverbe**.

  *It's **so** expensive!* C'est si cher !
  *Mark cooks **so** well!* Mark cuisine tellement bien !

★ 2 **Transforme ces phrases en utilisant *so*.**

Ex. : *How beautiful these flowers are!* → *These flowers are so beautiful!*

1. How nice they are! → ....
2. How funny this cartoon is! → ....
3. How interesting the film was! → ....
4. How early he gets up! → ....
5. How slowly John eats! → ....

SCORE .... /5

ATTENTION
La construction est la même lorsque l'exclamation porte sur un adjectif ou sur un adverbe.

What + groupe nominal

L'exclamation introduite par ***what*** porte sur un **groupe nominal**.

- On emploie l'article indéfini ***a*** ou ***an*** lorsque *what* est suivi d'un dénombrable au singulier.

  ***What a** problem!* Quel problème !
  ***What an** artist!* Quel artiste !

  On n'emploie **pas d'article indéfini** si *what* est suivi d'un indénombrable ou d'un dénombrable au pluriel.

  ***What** music!* Quelle musique !
  ***What** delicious biscuits!* Quels délicieux biscuits !

  Exceptions : *What **a** pity! What **a** shame!* Quel dommage ! Quelle honte !

- Le groupe nominal peut comporter un adjectif.

  *What a **nice** house!* Quelle belle maison !
  *What **beautiful** pictures!* Quelles belles photos !

3 **Elaine vient de découvrir un chanteur à la télévision. Elle est en admiration devant lui au point d'en perdre ses mots. Complète ses paroles avec *how, so, what* ou *what a*.**

1. .... marvellous singer!
2. .... handsome he is!
3. .... beautiful eyes he has got!
4. His songs are .... nice!
5. He sings .... well!
6. But, he is married: .... pity!

SCORE ..../6

> **COUP DE POUCE**
> Demande-toi, pour chaque phrase, si l'exclamation porte sur un adjectif (ou un adverbe) ou bien sur un groupe nominal.

4 **Forme deux phrases exclamatives avec les mots donnés.**

Ex. : *exercise / difficult* → *What a difficult exercise!*
→ *This exercise is so difficult!*

1. dress / expensive → ....
   → ....
2. hat / ridiculous → ....
   → ....
3. singer / famous → ....
   → ....
4. country / hot → ....
   → ....
5. man / strange → ....
   → ....

SCORE ..../10

> **COUP DE POUCE**
> En anglais, comme en français, on peut exprimer la même idée de différentes manières. Suis bien les exemples donnés.

Corrigés p. 15-16

TOTAL ..../ 26

LA PHRASE

27 Les subordonnées relatives

Le pronom relatif est sujet

- Pour savoir quel pronom relatif employer, tu dois trouver son **antécédent** (le mot qu'il représente). On n'emploie pas le même pronom :
  – si l'antécédent est un **être animé** ou s'il est une **chose** ;
  – si le pronom relatif est **sujet** ou **complément**.
- Si le pronom relatif est le sujet dans la subordonnée relative, on utilise ***who*** ou ***which***.

L'antécédent désigne un être animé	L'antécédent désigne une chose
On utilise *who* (ou *that*). *The man **who** is driving is an actor.* L'homme qui conduit est un acteur.	On utilise *which* (ou *that*). *I've got a car **which** can go very fast.* J'ai une voiture qui peut aller très vite.

Attention ! *That* ne peut s'employer à la place de *who* ou *which* que si la relative est déterminative, c'est-à-dire si elle apporte des informations essentielles sans lesquelles la phrase perd son sens.

*The man **who** is driving is an actor.* *The man **that** is driving is an actor.*

★ 1 Complète les phrases suivantes avec *who* ou *which*.

COUP DE POUCE Vérifie que tu as bien utilisé cinq fois le pronom *which*.

1. He broke a vase .... was expensive.
2. Look at the cassette .... is on the desk.
3. Bill wants to go to a university .... is in California.
4. Mr Brown is the man .... lives next door.
5. The woman .... wrote this book is my teacher.
6. My nephew, ... is a musician, is giving a concert tomorrow.
7. Show me the cupboard .... is broken.
8. The people .... live next door are really very kind.
9. He took the chair .... was in the middle of the room.
10. I'd like to talk to the girl .... told you that.

SCORE ..../10

★★ 2 À partir des deux phrases données, construis-en une seule comportant une proposition principale et une subordonnée relative.

Ex. : *I met a friend. She is a doctor.* → *I met a friend who is a doctor.*

COUP DE POUCE *Who* a un antécédent animé ; *which* un antécédent non animé.

1. I ate some cakes. They were very good. → ....
2. Look at the man. He is painting. → ....
3. I read a book. It was very interesting. → ....
4. We went to a party. It was pleasant. → ....
5. We bought a car. It is very comfortable. → ....

SCORE ..../5

Le pronom relatif est complément

- Si le pronom relatif est complément dans la subordonnée relative, on utilise ***who(m)*, *which*, *that*** ou **Ø** (le pronom relatif zéro).

L'antécédent désigne un être animé	L'antécédent désigne une chose
On utilise *who(m)* ou *that* ou Ø. *The girl **who(m)** you met is American.* La fille que tu as rencontrée est américaine.	On utilise *which* ou *that* ou Ø. *The book **which** he gave me was interesting.* Le livre qu'il m'a donné est intéressant.

- **Attention !** *That* ou Ø ne peuvent s'employer à la place de *who(m)* ou *which* que si la relative est déterminative.

*The girl **who(m)** you met is American.*
*The girl **that** you met is American.*
*The girl **Ø** you met is American.* [plus courant]

3 **Complète les phrases suivantes avec le pronom relatif qui convient. Souligne les pronoms qui pourraient être sous-entendus.**

1. The woman .... is waiting for the bus is my teacher.
2. I don't like the dress .... she is wearing today.
3. The journalist .... wrote this article is American.
4. The film .... I saw yesterday was a western.
5. The girl .... gave you this CD is very nice.

SCORE ..../5

COUP DE POUCE
Demande-toi si l'antécédent est un être animé ou non, mais aussi si le pronom est sujet ou complément.

4 **Fais des phrases ayant un sens en choisissant le bon pronom relatif.**

We'll take the train •		• is running?
I know a man •		• was delicious.
I've got a ring •	who	• are in the vase.
Look at the flowers •		• I bought in China.
I know a girl •		• I read yesterday.
My mother made a cake •	which	• lost her bag at school.
Do you know the man •		• can speak five languages.
I don't like the book •		• comes from Brighton.

SCORE ..../8

COUP DE POUCE
Aide-toi du sens des phrases : ainsi la proposition comprenant *book* sera liée à la relative comprenant le verbe *read*.

Corrigés p. 16

TOTAL ..../ 28

Lexique des exercices

A

actor: acteur
address: adresse
advance: avance
afraid of *(to be)***:** avoir peur de
after: après
airport: aéroport
alcohol: alcool
always: toujours
American: américain
answer *(to)***:** répondre
armchair: fauteuil
ask *(to)***:** demander
assistant: vendeur
August: août
Australian: australien

B

bag: sac
ball: ballon/balle
bath: bain/baignoire
beach: plage
beautiful: beau
bed: lit
before: avant
best *(the)***:** le meilleur
better: meilleur
between: entre
big: grand
bike: vélo
birthday: anniversaire
blue: bleu
book: livre
book *(to)***:** réserver
boot: botte
box: boîte
boy: garçon
bread: pain
break *(to)***:** casser
breakfast: petit déjeuner
bridge: pont
broken: cassé
brother: frère
brush: brosse
building: immeuble
bus: (auto)bus
bus stop: arrêt de bus
buy *(to)***:** acheter

C

cake: gâteau
call *(to)***:** appeler
camera: appareil photo
car: voiture
card: carte
careful: prudent
carpet: tapis
cartoon: dessin animé
cat: chat
channel: chaîne (de télévision)
chat *(to)***:** bavarder
cheese: fromage
chemist: pharmacien
chess: (jeu d')échecs
chicken: poulet
child (*pl.* children)**:** enfant
Chinese: chinois
chocolate: chocolat
Christmas carol: chant de Noël
city: ville
clean: propre
clean *(to)***:** nettoyer
clothes: vêtements
cloud: nuage
coat: manteau
cold: froid
collar: collier
collect *(to)***:** collectionner
come from *(to)***:** venir de
comfortable: confortable
computer: ordinateur
cook *(to)***:** cuisiner
country: pays/campagne
cross *(to)***:** traverser
crossroads: carrefour
cry *(to)***:** pleurer
cup: tasse
cut *(to)***:** couper

D

dance *(to)***:** danser
dangerous: dangereux
daughter: fille
day: jour
delicious: délicieux
detective film: film policier
dictionary: dictionnaire
difficult: difficile
dirty: sale
disobey *(to)***:** désobéir
do *(to)***:** faire
do the gardening *(to)***:** jardiner
doctor: médecin
dog: chien
door: porte
drawing: dessin
dress: robe
drink *(to)***:** boire
drive *(to)***:** conduire
driver: conducteur

E

early: tôt/en avance
eat *(to)***:** manger
egg: œuf
empty: vide
enjoy *(to)***:** s'amuser
enter *(to)***:** entrer
every: chaque
everybody: tout le monde
examine *(to)***:** examiner
exercise: exercice
expensive: cher
eye: œil

F

famous: célèbre
far: loin
fashion: mode
fast: vite
fat: gros
father: père
feed *(to)***:** nourrir
find *(to)***:** trouver
finish *(to)***:** finir
first: premier/d'abord
flower: fleur
flu: grippe
fly: voler
foot (*pl.* feet)**:** pied
forget *(to)***:** oublier
fridge: réfrigérateur
friend: ami

funny: drôle
furniture: meubles

G

game: jeu
garden: jardin
get married *(to)***:** se marier
get up *(to)***:** se lever
girl: fille
give *(to)***:** donner
glass: verre
glasses: lunettes
go *(to)***:** aller
good: bon
grandmother: grand-mère
grandson: petit-fils

H

hair: cheveux
half: demi/moitié
hand: main
handsome: beau
happy: heureux
hat: chapeau
have *(to)***:** avoir
heavy: lourd
high: haut
home *(at)***:** (à la) maison
homework: devoirs
hot: (très) chaud
hour: heure
house: maison

I, J, K

ice cream: glace
in front of: devant
interesting: intéressant
into: dans
invite *(to)***:** inviter
Italian: italien
juice: jus
July: juillet
jacket: veste
key: clé
kitchen: cuisine
knife (*pl.* knives)**:** couteau
know *(to)***:** savoir

L

language: langue
late: tard/en retard
laugh *(to)***:** rire
learn *(to)***:** apprendre
leave *(to)***:** quitter
left: gauche
leg: jambe
lemonade: limonade
lesson: leçon/cours
letter: lettre
letter box: boîte aux lettres
like *(to)***:** aimer (bien)
listen *(to)***:** écouter
live *(to)***:** vivre
look at *(to)***:** regarder
lose *(to)***:** perdre
love *(to)***:** aimer
lucky *(to be)***:** chance (avoir de la)
luggage: bagages
lunch: déjeuner

M

make *(to)***:** faire
man *(pl. men)***:** homme
mark: note
marmalade: confiture
married *(to be)***:** marié (être)
marry: épouser
marvellous: merveilleux
medicine: médicament
midnight: minuit
milk: lait
month: mois
morning: matin
mother: mère
motorbike: moto
mouse *(pl. mice)***:** souris
museum: musée

N

name: nom
navy-blue: bleu marine
near: à côté de
need *(to)***:** avoir besoin de
neighbour: voisin
new: neuf, nouveau
next: suivant/prochain
nice: gentil/joli
nobody: personne
noise: bruit
nothing: rien
now: maintenant
nowhere: nulle part

O, P

office: bureau
often: souvent
order *(to)***:** commander
paint *(to)***:** peindre
painting: peinture/tableau
park: parc
party: fête
pen friend: correspondant
people: gens
perhaps: peut-être
phone *(to)***:** téléphoner
picture: tableau/image
plane: avion
plate: assiette
play *(to)***:** jouer
pleasant: agréable
plenty of: beaucoup de
policeman: policier
post office: poste
postcard: carte postale
postman: facteur
potato *(pl. potatoes)***:** pomme de terre
prescription: ordonnance
prefer *(to)***:** préférer
present: cadeau
probably: probablement
pub: bar
pupil: élève
put *(to)***:** mettre/poser/placer

Q, R

quick: rapide
quickly: rapidement
race: course
rain *(to)***:** pleuvoir
raincoat: imperméable
read *(to)***:** lire

ready: prêt
record: disque
repair *(to)*: réparer
rice: riz
ride *(to)*: monter à cheval/ à vélo
ride a bike *(to)*: faire du vélo
ridiculous: ridicule
right: droite
ring: bague
room: chambre
run *(to)*: courir

S

sad: triste
say *(to)*: dire
scarf: écharpe
school: école
seat: siège/place
see *(to)*: voir
send *(to)*: envoyer
shoe: chaussure
shop: magasin
shopping: courses
shower: douche
sick: malade
sing *(to)*: chanter
singer: chanteur
sister: sœur
skate *(to)*: patiner
sky: ciel
sleep *(to)*: dormir
slow: lent
small: petit
smoke *(to)*: fumer
sock: chaussette
sofa: canapé
somebody: quelqu'un
somewhere: quelque part
son: fils
song: chanson
Spanish: espagnol
speak *(to)*: parler
stamp: timbre
start *(to)*: commencer
story: histoire
straight on: tout droit
strange: étrange
street: rue
sugar: sucre
suitcase: valise
summer: été
Sunday: dimanche
sunny: ensoleillé
surf *(to)*: surfer

T

take *(to)*: prendre
take off *(to)*: décoller
talk *(to)*: parler
tea: thé
teacher: professeur
teapot: théière
tell *(to)*: dire
temperature: fièvre
then: puis
thirsty *(to be)*: soif (avoir)
ticket: billet
tidy *(to)*: ranger
time: temps/fois
tired: fatigué
today: aujourd'hui
together: ensemble
tomato *(pl. tomatoes)*: tomate
tonight: ce soir
too: aussi
tooth *(pl. teeth)*: dent
toy: jouet
traffic: circulation
trainer: chaussure de sport
trousers: pantalon
try *(to)*: essayer
Tuesday: mardi
turn *(to)*: tourner
twice: deux fois

U, V

umbrella: parapluie
under: sous/en dessous de
understand *(to)*: comprendre
uniform: uniforme
use *(to)*: utiliser
usually: habituellement
very: très
visit *(to)*: visiter/rendre visite à
voice: voix

W

wait for *(to)*: attendre
waiter: serveur
walk *(to)*: marcher
wall: mur
want *(to)*: vouloir
was *(prétérit de* **be***)*: était
wash *(to)*: laver
washing-up: vaisselle
water: eau
wear *(to)*: porter (un vêtement)
weather: temps (météo)
Wednesday: mercredi
week: semaine
well: bien
were *(prét. de* **be***)*: étaient
whereas: alors que
win *(to)*: gagner
window: fenêtre
winter: hiver
without: sans
woman *(pl. women)*: femme
work: travail
work *(to)*: travailler
worse: pire
write *(to)*: écrire

Y, Z

year: an/année
yellow: jaune
yesterday: hier
young: jeune
zip code: code postal

Index des notions grammaticales

Les chiffres en couleur renvoient au livret central de corrigés.

Mémento de conjugaison

N. B. : Seules les formes pleines figurent dans les tableaux ci-dessous. Pour les formes contractées, reporte-toi aux leçons correspondant aux verbes et aux temps cités.

Be

	Présent	Prétérit
Forme affirmative	I am you are he, she, it is we are you are they are	I was you were he, she, it was we were you were they were
Forme interrogative	am I…? are you…? is he, she, it…? are we…? are you…? are they…?	was I…? were you…? was he, she, it…? were we…? were you…? were they…?
Forme négative	I am not you are not he, she, it is not we are not you are not they are not	I was not you were not he, she, it was not we were not you were not they were not

Have got

	Présent
Forme affirmative	I have got you have got he, she, it has got we have got you have got they have got
Forme interrogative	have I got…? have you got…? has he, she, it got…? have we got…? have you got…? have they got…?
Forme négative	I have not got you have not got he, she, it has not got we have not got you have not got they have not got

Can

Présent	Prétérit
I can you can he, she, it can we can you can they can	I could you could he, she, it could we could you could they could
can I…? can you…? can he, she, it…? can we…? can you…? can they…?	could I…? could you…? could he, she, it…? could we…? could you…? could they…?
I cannot you cannot he, she, it cannot we cannot you cannot they cannot	I could not you could not he, she, it could not we could not you could not they could not

Achevé d'imprimer en Italie par G. Canale & C. S.p.A.
Dépôt légal n° 05122-5/01 - Novembre 2018

Chouette

5e

12-13 ANS

Le guide

Anglais

Les corrigés des exercices
Tous les corrigés détaillés, avec des explications complémentaires

Les scripts des podcasts audio
10 podcasts en téléchargement sur le site, pour s'entraîner à l'oral

Des infos parents
Au centre du livret, des informations sur le programme et des conseils pour aider votre enfant dans son travail

Hatier

TEST (pages 4 et 5)

LE GROUPE NOMINAL

1. police – people – trousers
2. The man over there is an engineer.
He speaks Ø Italian and plays Ø tennis.
He thinks that Ø England is a beautiful country.
3. "I don't have any time" *ou* "I have no time".
4. a. many people • b. much money • c. much bread • d. many books
5. his roller skates
6. Whose pen is it?
7. them
8. a beautiful dark blue car
9. better – worse – farther
10. What are you interested in?

LE GROUPE VERBAL

11. I am cold.
12. I didn't have breakfast at home.
13. Shall
14. I don't have to tidy my room.
15. His new camera doesn't take good photos.
16. I am reading a very good book.
17. Does he like playing tennis?
18. I bought sunglasses.
19. He wasn't at home when his friends arrived.
20. Will you go to Jane's party?
21. Let's play Monopoly!
22. I don't mind helping you.
23. My little sister likes football very much.

LA PHRASE

24. How long does it take to go to the beach?
25. didn't they?
26. How tall he is! (*l'autre phrase est interrogative :* How tall is he?)
27. I went to a concert which was terrific.

1 Les noms

1 1. boxes [ɪz] • 2. streets [s] • 3. beds [z] • 4. potatoes [z] • 5. sandwiches [ɪz] • 6. boys [z] • 7. elephants [s] • 8. dresses [ɪz] • 9. brushes [ɪz] • 10. hats [s]

EXPLICATION
La marque du pluriel des noms se terminant par *-ch*, *-x*, *-s* et *-sh* se prononce [ɪz].

2 1. brush → brushes • 2. tooth → teeth • 3. family → families • 4. bus → buses • 5. woman → women • 6. mouse → mice • 7. half → halves • 8. match → matches • 9. penny → pence • 10. foot → feet

3 1. The baby is sleeping.
→ The babies are sleeping.
2. The man in the car is wearing glasses.
→ The men in the car are wearing glasses.
3. The child always plays in the park.
→ The children always play in the park.
4. The knife is on the table.
→ The knives are on the table.
5. The match starts at 6.
→ The matches start at 6.
6. Is your tee-shirt clean?
→ Are your tee-shirts clean?

4 1. Your trousers are dirty.
2. Is your luggage heavy?
3. The furniture in the shop is very expensive.
4. My sister's hair is long and dark.
5. Some people are walking in the park.
6. The police are here to see you.

5 1. The luggage is in the hall.
2. His trousers are new.
3. My hair is dirty.
4. My pyjamas are on the bed.
5. There are a lot of people in front of/ outside the cinema.
6. My aunt's furniture is very modern.

EXPLICATION
Trousers et *pyjamas* sont considérés comme des pluriels car les vêtements qu'ils désignent comportent deux éléments (deux jambes).

2 Les articles

1 **1.** Zidane is a football player. • **2.** He is wearing a blue suit. • **3.** He's carrying a yellow suitcase. • **4.** They're Ø engineers not Ø architects. • **5.** The match is starting in half an hour. • **6.** This is an American car.

EXPLICATION
On doit mettre *a* ou *an* devant un nom de métier au singulier.

2 **1.** He doesn't like Ø oranges. • **2.** His brother works on Ø Saturdays. • **3.** She loves the music of the film. • **4.** My cousin lives in the United States.

EXPLICATION
On emploie *the* devant *United States* car c'est un nom de pays qui contient un nom commun.

3 **1.** Dinner is at 8 o'clock.
2. John's grandfather lives in London.
3. My sister is an English teacher.
4. The film is starting in half an hour.
5. He is wearing red shoes and a green coat.

EXPLICATION
Phrase 5 : il y a un complément au singulier (a green coat) et un complément au pluriel (red shoes).

4 **1.** Go to the station. • **2.** Buy a bus ticket. • **3.** Be at Ø school before 9. • **4.** Go to Ø school in the morning. • **5.** Have Ø lunch with Sara. • **6.** Do my homework in the afternoon at Ø home.

EXPLICATION
Phrase 5 : on n'emploie pas d'article défini devant les noms de repas.

3 Les quantifieurs : *some, any, no*

1 **1.** There are some books. • **2.** There are some pens. • **3.** There is some chocolate. • **4.** There is some cheese. • **5.** Are there any shoes in his bag?
No, there are not any shoes in his bag.

EXPLICATION
Some et *any* s'utilisent aussi bien devant un nom indénombrable (*chocolate, cheese*) que devant un nom dénombrable au pluriel (*books, pens*).

2 **1.** Is there any milk? • **2.** Are there any oranges on the table? • **3.** Would you like some bread? • **4.** Can I have some chicken, please?

EXPLICATION
On utilise *some* dans les phrases interrogatives 3 et 4 car elles expriment respectivement une offre et une demande.

3 **1.** Is there any soap in the bathroom? • **2.** There's no orange juice in the bottle. It's empty. • **3.** Can I have some marmalade, please? • **4.** Are there any stamps on the postcards? • **5.** Have some cheese!

EXPLICATION
- Phrase 2 : on utilise *no* car il n'y a pas d'autre négation dans la phrase.
- Phrase 4 : on utilise *any* car on ne sait pas s'il y a des timbres.

4 **1.** Is there any sugar? ❑ Yes, there are many.
❑ No, there aren't. ☒ No, there isn't any.
2. Have you got any friends? • ☒ Yes, I've got some.
❑ No, there aren't. ❑ Yes, there is some.
3. Is there a cinema near here? • ☒ Yes, there is one.
❑ No, it isn't. • ❑ Yes, I've got one.

5 **1.** Do you want something to drink? • **2.** There isn't anything in my bag. There is nothing in my bag. • **3.** I can see someone/somebody running in the garden. • **4.** There's nothing in my pocket, it's empty.

EXPLICATION
- Phrase 1 : on utilise *something* car on offre quelque chose à boire.
- Phrase 3 : on peut remplacer *somebody* par *someone*.

6 **1.** personne ne l'a vu hier
→ Nobody/No one saw him yesterday.
2. il y a quelqu'un derrière toi
→ There is somebody/someone behind me.
3. tu ne trouves ta clé nulle part
→ I can find my key nowhere/
I can't find my key anywhere.
4. vous n'avez rien à dire → We have got nothing to say./We haven't got anything to say.

EXPLICATION
- Phrase 1 : *nobody* peut être remplacé par *no one* (en deux mots).
- Phrase 3 : il faut utiliser *nowhere* car le verbe est affirmatif (*can*). Si le verbe était négatif (*can't*), on utiliserait *anywhere*.

4 Les quantifieurs : *many, much, a lot of*

1

Noms dénombrables	Noms indénombrables
book, wall, carpet, dog, tomato, airport	water, traffic, milk, information

EXPLICATION
Tous les dénombrables peuvent se mettre au pluriel : *books, walls, carpets*, etc.

2 I often travel with my parents and my cousins. We always take much luggage because we bring many clothes. We never forget to buy many presents for our friends. The teachers usually give us much summer homework. When we go to the beach there are many people but we always find a quiet spot. We practise many water sports. We drink much lemonade because it's hot and sunny.

EXPLICATION
People est un collectif, on utilise donc *many*.

3 **1.** He's got a lot of work today.
→ Has he got much work today?
2. There are a lot of chairs in the hall.
→ Are there many chairs in the hall?
3. They've got a lot of friends.
→ Have they got many friends?
4. There is a lot of traffic.
→ Is there much traffic?
5. She's got a lot of time.
→ Has she got much time?

EXPLICATION
Time est un indénombrable (mais *hours* ou *minutes* sont des dénombrables).

4
money → too much
glasses → too many
people → too many
time → too much
stamps → too many

too many → exercises
too much → bread
too many → bags
too much → sugar
too many → friends

EXPLICATION
Note que tous les noms dénombrables devant être associés à *too many* sont au pluriel.

5 **1.** tu as trop de travail
→ I've got too much work.
2. ton ami n'a pas beaucoup d'argent
→ My friend hasn't got much money.
3. il y avait trop de voitures
→ There were too many cars.
4. il n'y avait pas beaucoup de fans à ce concert
→ There weren't many fans at that concert.
5. il y a beaucoup de bruit
→ There is a lot of noise.

5 Déterminants et pronoms possessifs

1 – Kate and Joe! Where are your friends?
– They're in our room. They're working on our computer.
– Tell them to come to the kitchen. My apple pie looks delicious!
– Yes, Mum. Your cakes are always the best.
– Kate! Your sister is in her room. Please ask her to come with us.
– No, she's with Dad. She's painting his old bike.

EXPLICATION
▸ On utilise *our* à la deuxième ligne car ce sont les enfants Kate et Joe qui parlent de leur chambre et de leur ordinateur.
▸ On utilise *his bike* dans la dernière phrase, car la petite fille peint le vélo de son père (possesseur masculin).
▸ On pourrait employer *her bike*; cela signifierait que la petite fille repeint son vieux vélo (à elle).

2

Toby (a dog) ← its ball, its collar

Matt ← his glass, his jacket

Sarah ← her key, her shoes

3 **1.** I often work at Shirley's. I like her parents. • **2.** He is speaking with Philip. He is in his office. • **3.** Look at Susan's new car. I like its colour. • **4.** Tracy is doing her homework in her room. • **5.** Bill can't use his MP3 player; it is broken.

EXPLICATION
Phrase 3 : il faut employer *its* pour faire référence à *Susan's new car* car le GN renvoie à un objet.

4 **1.** These are Kathleen's shoes. → These are hers. • **2.** Are they Jak's socks? → Are they his? • **3.** It's our dog. → It's ours. • **4.** I know this is my mobile phone. → I know this is mine. • **5.** This is my friends' address. → This is theirs. • **6.** I don't like Chloe's drawing. → I don't like hers.

EXPLICATION
Le pronom possessif n'est jamais suivi d'un nom puisqu'il remplace le groupe nominal déterminé par un adjectif possessif.

6 Le génitif

1 **1.** This is Allison's computer. • **2.** These are Benjamin's trousers. • **3.** These are Jessica's glasses. • **4.** This is Benjamin's scooter. • **5.** This is Jessica's scarf. • **6.** This is Allison's car.

EXPLICATION
Vérifie que tu as bien utilisé *these* dans les phrases 2 et 3 (*trousers* et *glasses* sont au pluriel).

2 **1.** la voiture des professeurs → the teachers' car • **2.** les jouets des enfants → the children's toys • **3.** les chapeaux des hommes → the men's hats • **4.** les sacs des facteurs → the postmen's bags.

EXPLICATION
Tu ne dois mettre le *s* du pluriel que dans la phrase 1 car, dans les autres phrases, les pluriels sont irréguliers : *children, men, postmen.*

3 **1.** Nous habitons chez mes amis.
→ We live at my friends'.
2. Va chez le boucher.
→ Go to the butcher's.
3. Je travaillerai chez Helen.
→ I'll work at Helen's.
4. Elle s'est mariée à l'église Saint-Pierre.
→ She got married at St Peter's.

4 **1.** Whose house is it?
→ It's the Browns' house. It's the Browns'.
It's their house. It's theirs.
2. Whose jacket is it?
→ It's Sarah's jacket. It's Sarah's. It's her jacket.
It's hers.
3. Whose car is it?
→ It's my parents' car. It's my parents'. It's their car.
It's theirs.
4. Whose dog is it?
→ It's Bill's dog. It's Bill's. It's his dog. It's his.
5. Whose ring is it?
→ It's his girlfriend's ring. It's his girlfriend's.
It's her ring. It's hers.

EXPLICATION
Vérifie que tu as bien utilisé le déterminant possessif suivi du nom (***her*** *jacket*) et le pronom possessif sans le nom (***hers***).

7 Les pronoms personnels et réfléchis

1 **1.** Jessica and Jennifer live in a new house. → They live in a new house. • **2.** Matthew's dog is very big. → He is very big. • **3.** Helen and I work together. → We work together. • **4.** Does Tom play football with us? → Does he play football with us? • **5.** Can Paul's mother ride a bike? → Can she ride a bike?

EXPLICATION
Phrase 2 : quand il s'agit d'un animal familier, on emploie souvent *he* ou *she* selon le sexe de l'animal (et non pas *it*).

2 **1.** I bought a new CD yesterday; listen to it. • **2.** She is waiting for her husband; she is waiting for him. • **3.** My friend saw the Carters yesterday; he saw them. • **4.** John loves Mary; he wants to marry her. • **5.** My sister and I are going to the concert; come with us!

3 **1.** John is sick, take ☒ him ☐ her to the doctor's.
2. Don't talk to ☒ me ☐ us ; I am working.
3. Give ☒ them ☐ he some soup.
4. Do you want to come with ☐ she ☒ me?
5. Does ☒ she ☐ it like her new teacher?

EXPLICATION
Le pronom personnel complément suit le verbe.

4 **1.** Did anyone do the housework for him? No, he did it himself. • **2.** Did anyone do the shopping for them? No, they did it themselves. • **3.** Did anyone repair the TV set for you? (we) No, we did it ourselves. • **4.** Did anyone buy the ticket for you? (I) No, I did it myself.

EXPLICATION
Phrases 1 et 2 : les sujets *he* et *they* des réponses correspondent aux compléments *him* et *them* de la question.

5 Cindy loves Tom. Tom loves Cindy. She loves him. He loves her. Yesterday they went to a party. He enjoyed himself and she enjoyed herself. They danced all night. At midnight he asked her: "Do you want to marry me?" She looked at him and said : "Yes, I do".
Il s'agit donc du premier encadré.

8 Les adjectifs qualificatifs

1 **1.** This name is funny. → It's a funny name.
2. This armchair is comfortable.
→ It's a comfortable armchair.
3. This snake is dangerous. → It's a dangerous snake.
4. This photo is good. → It's a good photo.

2 **1.** is / programme / interesting / on / there / TV / an
→ There is an interesting programme on TV.
2. have / got / a / computer / they / new
→ They have got a new computer.
3. today / sister / my / young / is / happy
→ My young sister is happy today.
4. my / is / yellow / wearing / a / sister / hat
→ My sister is wearing a yellow hat.
5. grandparents / are / old / his / very
→ His grandparents are very old.

EXPLICATION
Dans les phrases 1, 2 et 4, les adjectifs sont épithètes.
Dans les phrases 3 et 5, l'adjectif est attribut.

3 **1.** This tee-shirt is too big.
→ These tee-shirts are too big.
2. She's wearing a beautiful sweater.
→ They're wearing beautiful sweaters.
3. The woman is carrying a heavy bag.
→ The women are carrying heavy bags.
4. The child's working with an English dictionary.
→ The children are working with English dictionaries.

EXPLICATION
N'oublie pas que les adjectifs ne prennent pas d's : ils sont invariables.

4 **1.** tu aimes la musique espagnole
→ I like Spanish music.
2. ce film américain est très intéressant
→ This American film is very interesting.
3. Gianni travaille dans un restaurant chinois
→ Gianni works in a Chinese restaurant.

5 **1.** un ciel bleu clair → a light blue sky
2. une veste bleu marine → a navy blue jacket
3. des chaussures jaune citron → lemon yellow shoes

EXPLICATION
Selon que l'on parle d'un bleu clair ou d'un bleu marine, on emploie l'adjectif composé *light blue* ou *navy blue*.

6 **1.** les Français aiment le pain.
→ The French like bread.
2. les Anglais ont de beaux jardins.
→ The English have beautiful gardens.
3. les jeunes aiment le rap.
→ The young love rap.

9 L'adjectif au comparatif

1 **1.** Susan / tired / Jane (yes)
→ Susan is as tired as Jane.
2. mice / big / elephants (no)
→ Mice are not as big as elephants.
3. London Bridge / high / the Eiffel Tower (no)
→ London Bridge isn't as high as the Eiffel Tower.
4. my English teacher / patient / maths teacher (yes)
→ My English teacher is as patient as my maths teacher.

2 Tom is **smaller** and **fatter** than Andrew. Andrew's umbrella is **longer** than Tom's. Tom's hat is **bigger** than Andrew's. Tom seems **happier** than Andrew. Andrew is **taller** than Tom.

EXPLICATION
Vérifie que tu as doublé la consonne finale de *big* (*bigger*) et de *fat* (*fatter*).

3 Mount Everest is – higher than the Eiffel Tower.
Planes go – faster than trains.
This actor is – more popular than this singer.
Zebras are not – as tall as giraffes.
This French baker sells – more cakes than the English one.

EXPLICATION
Popular contient trois syllabes : son comparatif de supériorité se forme donc avec *more... than*.

4 **1.** Who is taller than Steven? Bill is. • **2.** Who is as tall as Steven? Samantha is. • **3.** Who is smaller than Samantha? Alexia is. • **4.** Who is heavier than Steven? Bill is. • **5.** Who is younger than Alexia? Bill is.

10 Les prépositions

1 **1.** Antonio comes from Italy. • **2.** The school is between the post office and the station. • **3.** They are sitting in front of the TV. • **4.** The bottle of milk is in the fridge.

EXPLICATION
From permet d'introduire un complément exprimant le lieu d'où l'on vient (provenance).

2

2 – 3 – 6 – 7	1 – 4 – 5 – 8

1. The plant is on the piano. • **2.** The plant is behind the piano • **3.** There's a lamp near the door. • **4.** There's an umbrella near the door. • **5.** The book is on the table. • **6.** The book is on the chair. • **7.** The shoes are under the TV set. • **8.** The shoes are under the chair.

3 Samantha met Jack at school on Monday. He called her the next day at 7 p. m. to invite her to the cinema on Saturday. Now, they are really good friends. In summer they will go to the same summer camp. They hope to be in the same class in 2016.

4 **1.** afraid / Terry / of / is / mouse / the
→ Terry is afraid of the mouse.
2. in / interested / astronomy / is / Sylvia
→ Sylvia is interested in astronomy.
3. is / at / what / Cecilia / looking / ?
→ What is Cecilia looking at?

EXPLICATION
Look at (regarder). Dans une phrase interrogative utilisant ce verbe, la préposition *at* reste après le verbe.

11 *Be – There is, there are*

1 **1.** I am thirteen. I am American. • **2.** My friend Jason is Australian. • **3.** Jason and I are in Sydney for the Christmas holidays but I live in New York. • **4.** We are on the beach. • **5.** When it is winter in New York, it is summer in Australia!

2 **1.** she / Spanish
→ Is she Spanish? No, she isn't Spanish.
2. they / in the garden
→ Are they in the garden? No, they aren't in the garden.
3. it / a good idea
→ Is it a good idea? No, it isn't a good idea.
4. we / late
→ Are we late? No, we aren't late.

EXPLICATION
On n'emploie pas de forme contractée dans les *yes-no questions* : il est impossible de commencer une phrase par une apostrophe.

3 **1.** Tu as quatorze ans.
→ I am fourteen (years old).
2. Ton frère a soif et tu as faim.
→ My brother is thirsty and I'm hungry.
3. Ton oncle a peur des chats.
→ My uncle is afraid of cats.
4. Jeff a de la chance.
→ Jeff is lucky.
5. S'il a froid.
→ Are you cold?

EXPLICATION
Toutes ces expressions se construisent avec le verbe « avoir » en français, mais avec le verbe *be* en anglais.

4 **1.** There are sandwiches in the kitchen. • **2.** There is a red American car. • **3.** Is there a camera in the bag? • **4.** There are two policemen in the street. • **5.** There are three girls in the shop. • **6.** Is there a dictionary on the table?

EXPLICATION
- Selon que le sujet est au singulier ou au pluriel, on emploie *there is* ou *there are*.
- Les phrases 3 et 6 sont interrogatives. On fait donc l'inversion du sujet : *Is there*... ?

12 *Have, have got*

1

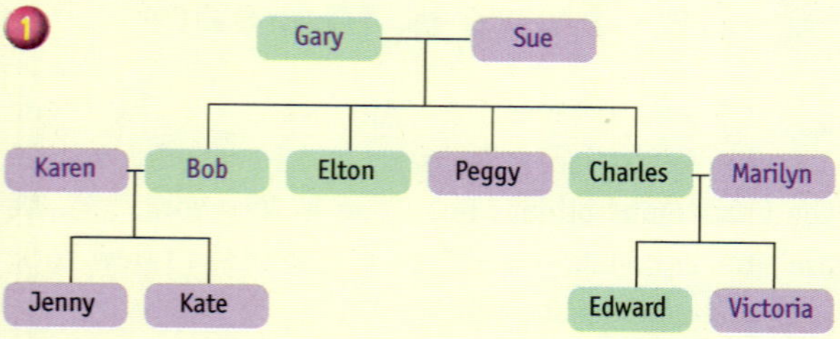

1. They have got two daughters. Their names are Karen and Bob. • **2.** She has got two nieces. Her name is Marilyn. • **3.** He has got one grandson. His name is Gary. • **4.** She has got one brother. Her name is Victoria. • **5.** She has got four children. Her name is Sue.

2 **1.** Kate / dog
→ Has Kate got a dog? No, she hasn't got one.
2. Audrey / bike
→ Has Audrey got a bike? No, she hasn't got one.
3. Sandy and Christopher / cat
→ Have Sandy and Christopher got a cat?
No, they haven't got one.
4. you / computer
→ Have you got a computer? No, I haven't got one.

EXPLICATION
- Pour construire des questions avec *have got*, on place *have* avant le sujet et *got* après le sujet.
- À la 3e personne du singulier, *have* devient *has*.

3 **1.** John has breakfast at 8 o'clock. • **2.** He has got a big house with a lot of musical instruments. • **3.** He has a piano lesson every morning. • **4.** He has lunch with his brother. • **5.** He always has a bath before going to bed.

1. Does Jane have breakfast at 8 o'clock too? • **2.** Has she got a big house with a lot of musical instruments too? • **3.** Does she have a piano lesson every morning too? • **4.** Does she have lunch with her brother too? • **5.** Does she always have a bath before going to bed too?

EXPLICATION
- Sauf dans la phrase 2 qui exprime la possession, on utilise *have*, verbe ordinaire. Il faut donc employer l'auxiliaire *do* (*does* à la 3e personne du singulier) pour construire la question.
- Lorsque le mot *too* signifie « aussi, également », on doit le placer à la fin de la phrase.
- Dans la phrase 4, on remplace *his brother* par *her brother* car il s'agit maintenant du frère de Jane.

13 Les modaux : *can, shall, may*

1 **1.** Pour dire que tu sais nager, que dois-tu employer après *can* ?
☒ swim ☐ swimming
2. Les auxiliaires modaux construisent leurs formes interrogative et négative comme un verbe lexical.
☐ vrai ☒ faux

EXPLICATION
- Question 2 : on n'utilise pas l'auxiliaire *do* pour construire les formes interrogative et négative d'un auxiliaire modal.
- Un auxiliaire modal doit être accompagné d'un verbe lexical pour avoir un sens.

2 **1.** write / on / envelope / address / can / the / you / the / ? • **2.** the / code / find / you / can /zip / ? • **3.** me / for / go / post office / the / you / to / can / ? • **4.** a / buy / can / stamp / you / ? • **5.** letter / put / into / you / the / can / the / letterbox / ?

1. Can you write the address on the envelope? • **2.** Can you find the zip code? • **3.** Can you go to the post office for me? • **4.** Can you put the letter into the letterbox?

EXPLICATION
À la forme interrogative, on fait passer l'auxiliaire modal avant le sujet.

3 **1.** Fiona can ride a bike. • **2.** Michael can speak Italian. • **3.** Michael can't play the guitar. • **4.** Fiona can't skate. • **5.** Michael can skate.

4 1. Perhaps it will rain → It may rain.
2. Perhaps I won't be at home at five
→ I may not be at home at five.
3. He'll probably be late → He may be late.
4. We'll probably go to Spain in August
→ We may go to Spain in August.
5. Perhaps she won't go to school tomorrow
→ She may not go to school tomorrow.

EXPLICATION
Pour la forme négative, il suffit de mettre la négation *not* après *may*. Cette forme ne peut pas être contractée.

14 Les modaux (2) : *must, have to, needn't*

1 If you want to be a good pupil:
1. You must learn your lessons. • 2. You must do your homework. • 3. You mustn't eat chewing gum at school. • 4. You mustn't chat with your friends in class. • 5. You must listen to the teacher.

EXPLICATION
- Dans les phrases 1, 2 et 5, on parle de ce que l'on est obligé de faire en classe. On emploie *must*.
- Dans les phrases 3 et 4, on parle de ce qu'il est interdit de faire en classe. On emploie *mustn't*.

2 1. You don't have to take the bus today. Your father is driving you to school. • 2. You mustn't put your shoes on the table. • 3. We don't have to run. We've got plenty of time. • 4. He mustn't sleep late, he's getting up early tomorrow. • 5. They don't have to go shopping now. They can go tomorrow.

EXPLICATION
Phrases 1, 3 et 5 : on emploie *don't have to* pour exprimer l'absence d'obligation.

3 1. tu dois faire ton lit
→ I must make my bed.
2. il ne doit pas utiliser son portable à l'école
→ He mustn't use his mobile at school.
3. il se peut que Ted aille à Londres l'été prochain
→ Ted may go to London next summer.
4. tu n'as pas besoin de prendre ton parapluie, il ne pleut pas
→ I don't have to take my umbrella, it isn't raining.

EXPLICATION
- La phrase 2 exprime une interdiction, on emploie *mustn't*.
- La phrase 3 exprime une probabilité, on emploie *may*.
- La phrase 4 exprime une absence d'obligation, on emploie *don't have to*.

4

	Interdiction	Capacité	Absence d'obligation	Impossibilité	Obligation
1. I can play the piano.		☒			
2. He didn't have to wash the car.			☒		
3. She must write to her parents.					☒
4. They mustn't drink alcohol.	☒				
5. We don't have to run.			☒		
6. I can't buy a new car.				☒	
7. You mustn't smoke.	☒				

EXPLICATION
- Phrase 2 : il n'a pas eu besoin de laver sa voiture.
- Phrase 4 : ils ne doivent pas boire d'alcool. C'est interdit.
- Phrase 5 : nous n'avons pas besoin de courir. Ce n'est pas nécessaire.
- Phrase 7 : vous ne devez pas fumer. C'est interdit.

15 Le présent simple

1 Vanessa and Kevin are at the cinema.
1. They go to the cinema three times a week. • 2. They always book their seats in advance. • 3. Vanessa likes detective films very much whereas Kevin prefers love stories. • 4. He cries a lot when the story is sad. • 5. They often buy popcorns at the cinema.

EXPLICATION
Les sujets des phrases 3 et 4 sont à la 3e personne du singulier. Il faut donc ajouter ***-s*** à la base verbale.

2 **1.** Spain / you / go / to / do / year / every / ? • **2.** Deb / every / work / do / Sue / day / and / ? • **3.** you / do / ketchup / like / ? • **4.** Jenny / work / does / in / London / ? • **5.** play / Tim / with / does / him / cards / ?

Auxiliaire	Sujet	Base verbale	Complément(s)
1. Do	you	go	to Spain every year?
2. Do	Deb and Sue	work	every day?
3. Do	you	like	ketchup?
4. Does	Jenny	work	in London?
5. Does	Tim	play	cards with him?

EXPLICATION
Dans une question au présent simple, le verbe est à la base verbale, même à la 3ᵉ personne du singulier. C'est l'auxiliaire qui porte le *-s* de la 3ᵉ personne du singulier.

3 **1.** Karen swims very well.
→ No, she doesn't swim very well.
2. Sylvia often wears jeans.
→ No, she doesn't often wear jeans.
3. The cartoons begin at seven.
→ No, they don't begin at seven.
4. Betty's children speak Italian.
→ No, they don't speak Italian.
5. He phones his mother every day.
→ No, he doesn't phone his mother every day.

EXPLICATION
Pour construire la forme négative, on emploie l'auxiliaire *do* auquel on accroche la négation. À la 3ᵉ personne du singulier, c'est l'auxiliaire qui porte la terminaison *-s*. *Don't* devient *doesn't* et on remet le verbe à la base verbale.

4 **1.** Do you wear a uniform?
– Yes, I do/we do.
2. Does your sister like playing golf?
– Yes, she does.
3. Do the children want to sleep?
– No, they don't.
4. Does Peter often go to Africa?
– No, he doesn't.
5. Do your sons play chess?
– No, they don't.
6. Do you like detective films?
– No, I don't/we don't.

16 Le présent en *be + V-ing*

1 **1.** they / wait / for the bus
→ They are waiting for the bus.
2. Mr Todd / drink / an orange juice
→ Mr Todd is drinking an orange juice.
3. we / write / a letter
→ We are writing a letter.
4. Gloria / sing / a Christmas carol
→ Gloria is singing a Christmas carol.
5. Albert / do / his homework
→ Albert is doing his homework.
6. Jessica / read / a book
→ Jessica is reading a book.

2 **1.** Mrs Smith is buying a ???.
→ What is Mrs Smith buying?
2. Peter is phoning his ???.
→ Who is Peter phoning?
3. David is washing ???.
→ What is David washing?
4. The children are going to the ???.
→ Where are the children going?
5. They are laughing because ???.
→ Why are they laughing?

EXPLICATION
Pour choisir le mot interrogatif, on se demande quel type de renseignement est caché. Le mot interrogatif est toujours suivi de : auxiliaire + sujet + base verbale terminée par *-ing*.

3 **1.** Marlon and Stewart are drinking some lemonade. • **2.** Betty is talking to the waiter. • **3.** She is ordering an orange juice. • **4.** Albert is putting some sugar into his cup of tea. • **5.** Sandy is eating an ice cream. • **6.** And I'm paying for the drinks.

1. Marlon and Stewart aren't drinking lemonade (anymore). • **2.** Betty isn't talking to the waiter. • **3.** She isn't ordering an orange juice. • **4.** Albert isn't putting some sugar into his cup of tea. • **5.** Sandy isn't eating an ice cream. • **6.** And I'm not paying for the drinks.

EXPLICATION
- On peut employer la forme pleine ou la forme contractée. Dans les deux cas, la négation se place après l'auxiliaire.
- Tu peux employer *anymore* à la fin de tes phrases négatives pour exprimer l'idée de ne plus faire quelque chose.

4 **1.** Are they waiting for a taxi? – Yes, they are.
2. Is your father sleeping? – No, he isn't.
3. Are you working today? – No, I'm not/we aren't.
4. Is Colin tidying his room? – Yes, he is.

EXPLICATION
Pour construire une réponse brève, on reprend le sujet sous forme de pronom personnel ainsi que l'auxiliaire. On accroche la négation à l'auxiliaire lorsque l'on répond par non.

17 Présent simple ou présent en *be* + V-*ing* ?

1 **1.** Her parents understand ??? very well. What do her parents understand very well? • **2.** They like going to the ???. Where do they like going? • **3.** He usually buys a cake on ???. When does he usually buy a cake? • **4.** Their son wants a ??? for his birthday. What does their son want for his birthday? • **5.** We prefer Channel 4 because ???. Why do you prefer Channel 4?

EXPLICATION
◗ Toutes les questions ont la même construction : mot interrogatif + auxiliaire + sujet + verbe + complément.
◗ Dans les questions, l'adverbe de fréquence se place entre le sujet et le verbe (phrase 3).

2 **1.** Sheila goes to the country every weekend. • **2.** Harry can't answer the phone. He is having a bath. • **3.** They play squash on Wednesdays. • **4.** We're at the bus stop. We are waiting for the bus.

EXPLICATION
◗ Dans les phrases 2 et 4, l'action se passe en ce moment : on emploie le présent en *be* + V-*ing*.
◗ Dans les phrases 1 et 3, les expressions *every weekend* et *on Wednesdays* montrent qu'il s'agit d'actions habituelles.

3 **1.** Une phrase au présent en *be* + V-*ing* contient :
❑ l'auxiliaire *do*. ☒ l'auxiliaire *be*.
2. Laquelle de ces deux phrases comporterait un verbe au présent en *be* + V-*ing*?
☒ Il est dans sa chambre, il écoute la radio.
❑ Il écoute la radio tous les soirs.
3. Le présent en *be* + V-*ing* permet de parler :
❑ d'actions habituelles.
☒ de ce qui se déroule en ce moment.

EXPLICATION
On traduit ici : « Il écoute la radio. » par : "*He is listening to the radio.*" car cette action est en train de se dérouler.

4 **1.** Do you work in an office? • **2.** What are you doing now? • **3.** Are you working or surfing on the web? • **4.** Does your brother work in an office too? • **5.** What is he doing this afternoon?

EXPLICATION
◗ Dans les phrases 1 et 4, le verbe est à la base verbale. Il faut utiliser l'auxiliaire *do* (ou *does*).
◗ Dans les phrases 2, 3 et 5, les verbes ont une terminaison en -*ing*. Il faut donc utiliser l'auxiliaire *be*, à la bonne personne.

5 little • bus • star • young • marmalade • long • you • when • cinema • artist • good • umbrella • passport • sometimes • breakfast • picture • table • time • omelette • nobody • tomorrow • breakfast • Friday • evening • there • remember • doctor • Wednesday
→ I usually wear glasses but I'm not wearing them today.

18 Le prétérit

1 **1.** Charles stayed at home last Sunday. • **2.** Jenny wanted to buy a game. • **3.** Carolyn played tennis with her best friend. • **4.** Margaret phoned her grandmother yesterday. • **5.** Tim and John lived in Australia.

EXPLICATION
On a ajouté la terminaison -*ed* aux verbes réguliers pour obtenir leur prétérit. Pour les verbes *phone* et *live* (phrases 4 et 5), on a seulement ajouté -*d* puisque la base verbale se termine par un *e*.

2 **1.** I saw the doctor last Tuesday because I had a temperature. • **2.** The doctor examined me and told me I had the flu. • **3.** He gave me a prescription. • **4.** My mother went to the chemist's to buy the medicine I needed.

EXPLICATION
Les verbes *examine* et *need* sont réguliers : leur prétérit se forme en -*ed*.

3 **1.** I knew that man. → Did you know that man? No, I didn't know that man. • **2.** The girls met their friends. → Did they meet their friends? No, they didn't meet their friends. • **3.** Tom was in Paris last month. → Was he in Paris last month? No, he wasn't in Paris last month. • **4.** I saw a good film yesterday. → Did you see a good film yesterday? No, I didn't see a good film yesterday.

EXPLICATION
▸ La forme interrogative du prétérit se construit toujours ainsi : *did* + sujet + verbe à la base verbale. Seul l'auxiliaire *be* n'a pas la même construction : on fait passer *was* ou *were* avant le sujet pour obtenir la forme interrogative (phrase 3).
▸ La forme négative du prétérit se construit toujours avec *didn't* suivi du verbe à la base verbale. Seul l'auxiliaire *be* n'a pas la même construction. On accroche directement la négation à *was* ou *were*.

4 **1.** When did you visit the Tower of London? I visited it five months ago. • **2.** When did you finish your homework? I finished it an hour ago. • **3.** When did you see that film? I saw it two weeks ago. • **4.** When did you go to the zoo? I went there three days ago.

19 Le prétérit de *be* et le prétérit en *be* + V-*ing*

1 **1.** We were at the seaside yesterday. • **2.** We were very lucky because the weather was beautiful. • **3.** It was very sunny. • **4.** There were no clouds in the sky. • **5.** It was hot. • **6.** That was a very pleasant day.

EXPLICATION
Dans la phrase 4, on emploie *were*, car *clouds* est au pluriel.

2 **1.** Were the children in Oxford? – Yes, they were. • **2.** Was the film interesting? – Yes, it was. • **3.** Were you late? – No, I wasn't./we weren't. • **4.** Was Michael happy? – Yes, he was. • **5.** Were the books for me? – No, they weren't.

EXPLICATION
On accroche la négation à l'auxiliaire lorsque l'on répond par non.

3 **1.** She was in her room but she wasn't working. • **2.** The girls were playing in the garden. • **3.** Everybody was dancing. • **4.** We were not listening to music. • **5.** The children were not doing their homework in the living room.

EXPLICATION
Dans la forme négative de la phrase 1, on peut employer la forme pleine (*was not*) ou la forme contractée (*wasn't*). De même en phrases 4 et 5 (*weren't*).

4

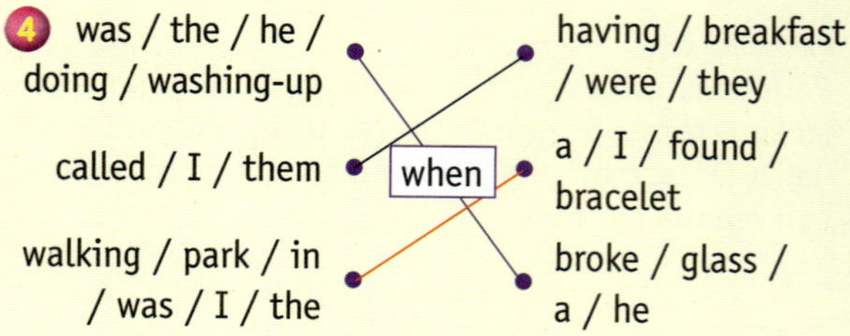

1. He was doing the washing-up when he broke a glass.
2. I called them when they were having breakfast.
3. I was walking in the park when I found a bracelet.

EXPLICATION
Ces trois phrases évoquent une action qui se déroulait dans le passé (exprimée au prétérit en *be* + V-*ing*) quand s'est produit un fait nouveau (exprimé au prétérit simple).

20 L'expression de l'avenir

1 **1.** Jane is going to take off her shoes and jeans.
2. She is going to put on her trainers and shorts.
3. She is going to have a fitness lesson first.
4. Then she is going to play squash with her friend Pam.
5. She is going to have a shower after the match.

EXPLICATION
Pour parler de ce que Jane a l'intention de faire, on commencera toutes les phrases par *Jane/She is going to...*, que l'on peut également mettre à la forme contractée (*she's*). L'auxiliaire *be* s'accorde avec le sujet.

2 **1.** Pamela / wash her sweater → Is Pamela going to wash her sweater? • **2.** the Bronsons / invite the Millers → Are the Bronsons going to invite the Millers? • **3.** Ted / send her a postcard → Is Ted going to send her a postcard? • **4.** they / buy the tickets → Are they going to buy the tickets?

3 **1.** we / have a tennis lesson / at five
→ We are having a tennis lesson at five.
→ We are going to have a tennis lesson at five.
→ We'll have a tennis lesson at five.
2. they / go to Italy / in July
→ They are going to Italy in July.

→ They are going to go to Italy in July.
→ They will go to Italy in July.

EXPLICATION
Pour construire des phrases parlant de l'avenir on peut utiliser :
- le présent en *be* + *V-ing* ;
- l'expression *be going to* + base verbale ;
- l'auxiliaire modal *will* + base verbale.

4 **1.** Will you come with us? – No, I won't./we won't.
2. Is he going to write a letter? – Yes, he is.
3. Will they be in France next month? – Yes, they will.
4. Is she going to answer the phone? – No, she isn't.
5. Are they going to walk back home? – Yes, they are.

EXPLICATION
Pour la question 1, deux réponses sont possibles car une question contenant *you* peut s'adresser à une ou plusieurs personnes.

21 L'impératif

1 **1.** The girl is feeding the animals.
→ Don't feed the animals!
2. He's smoking. → Don't smoke.
3. She is eating. → Don't eat.
4. He is running. → Don't run.
5. They're watching TV. → Don't watch TV.
6. The boy is shouting. → Don't shout!
7. My little sister is writing on the wall.
→ Don't write on the wall!

EXPLICATION
Note qu'il n'y a pas de différence entre la phrase 5, où le locuteur s'adresse à plusieurs personnes, et les autres phrases, où le locuteur ne s'adresse qu'à une seule personne.

2 **1.** You must go straight on.
→ Go straight on.
2. You mustn't take the first street on your right.
→ Don't take the first street on your right.
3. You mustn't cross the bridge.
→ Don't cross the bridge.
4. You must look right before crossing the street.
→ Look right before crossing the street.
5. You must walk to the crossroads.
→ Walk to the crossroads.
6. You must turn left.
→ Turn left.

EXPLICATION
Phrase 4 : on conseille au touriste de regarder à droite avant de traverser, car en Grande-Bretagne les voitures roulent à gauche.

3 **1.** de jouer aux cartes → Let's play cards.
2. de regarder un DVD → Let's watch a DVD.
3. d'écouter de la musique → Let's listen to music.
4. de danser → Let's dance.
5. de prendre une boisson → Let's have a drink.

4

22 Le gérondif

1 **1.** cook → cooking • **2.** read → reading • **3.** swim → swimming • **4.** ride → riding • **5.** fly → flying • **6.** come → coming • **7.** get up → getting up • **8.** buy → buying • **9.** run → running

EXPLICATION
▸ Tu constates que les verbes *buy* et *fly* conservent leur *y*.
▸ Les verbes *cook* et *read* ne doublent pas leur consonne finale car elle est précédée de deux voyelles.

2 **1.** My father bought a plane ticket. He didn't tell my mother. → My father bought a plane ticket without telling my mother. • **2.** She made a cake. She didn't put eggs in it. → She made a cake without putting eggs in it. • **3.** They talked to me. They didn't look at me. → They talked to me without looking at me. • **4.** Jane went to school. She didn't do her homework. → Jane went to school without doing her homework.

3 **1.** Do you want to watch TV? → No, I prefer reading. • **2.** Do you want to visit Buckingham Palace? → No, I prefer going to the cinema. • **3.** Do you want to play tennis? → No, I prefer playing cards. • **4.** Do you want to go to the zoo? → No, I prefer going for a walk.

EXPLICATION
Les verbes *enjoy, like, love*, tout comme le verbe *prefer*, sont suivis du gérondif car ils expriment le goût, la préférence.

4 **1.** Samantha collects stamps. → Samantha likes collecting stamps. • **2.** My mother drives. → My mother enjoys driving. • **3.** Greg often swims in the ocean. → Greg prefers swimming in the ocean. • **4.** Ann doesn't write letters. → Ann hates writing letters.

5 **1.** Et si on allait au cinéma ce soir?
→ What about/How about going to the cinema this evening/tonight?
2. John en a assez d'attendre le train.
→ John is fed up with waiting for the train.
3. Mes parents aiment voyager.
→ My parents like travelling.
4. Mon frère est bon en chant.
→ My brother is good at singing.
5. Cela ne me dérange pas de faire ton lit.
→ I don't mind making your bed.

EXPLICATION
What about et *how about* sont des expressions qui servent à faire une suggestion, à proposer une activité. Employées sans sujet, elles se traduisent par : « Et si on... ? »

23 Les adverbes

1 **1.** He's a bad driver. He drives dangerously. • **2.** We waited for the bus patiently. • **3.** She won the race, she ran very quickly. • **4.** They lived happily. • **5.** I was late because I walked very slowly.

EXPLICATION
Phrase 4 : l'adjectif *happy* se termine par un *y* précédé d'une consonne. On a donc changé le *y* en *i* avant d'ajouter la terminaison *-ly*.

2 **1.** They will find the right answer. They will never find the right answer. • **2.** My cousins go to the museum. My cousins often go to the museum. **3.** This student is late. This student is always late. • **4.** He drinks sodas. He sometimes drinks sodas. • **5.** The children go to bed at nine. The children usually go to bed at nine.

EXPLICATION
Les phrases 2, 4 et 5 contiennent des verbes (au présent simple) qui ne sont pas accompagnés d'auxiliaires : l'adverbe de fréquence se place entre le sujet et le verbe.

3 **1.** the / have / I / breakfast / always / in / kitchen. → I always have breakfast in the kitchen. • **2.** have / usually / I / breakfast / tea / for. → I usually have tea for breakfast. • **3.** I / radio / sometimes / listen / the / to. → I sometimes listen to the radio. • **4.** of / a / often / I / milk / glass / drink. → I often drink a glass of milk. • **5.** never / cereals / breakfast / for / eat / I. → I never eat cereals for breakfast. • **6.** have / marmalade / don't / I / often / and / toast. → I don't often have toast and marmalade.

4 **1.** il prend toujours son petit déjeuner à 8 heures → He always has breakfast at eight (o'clock). • **2.** ils aiment beaucoup le football → They like football very much. • **3.** tu ne regardes jamais la télévision l'après-midi → I never watch television in the afternoon. • **4.** Brian ne comprend pas très bien le français → Brian doesn't understand French very well. • **5.** tu n'aimes pas beaucoup ce livre → I don't like this book very much.

EXPLICATION
▸ Phrases 1 et 3 : les adverbes de fréquence *always* et *never* se placent avant le verbe.
▸ Phrases 2, 4 et 5 : les adverbes se mettent après le complément d'objet direct.

24 Les questions

1 **1.** Noemie and her brother are in a clothes shop. → Are Noemie and her brother in a clothes shop? • **2.** They are talking to the shop assistant. → Are they talking to the shop assistant? • **3.** Noemie wants to buy new jeans. → Does Noemie want to buy new jeans? • **4.** Her brother is going to buy a sweater tomorrow. → Is her brother going to buy a sweater tomorrow? • **5.** They really like buying clothes. → Do they really like buying clothes?

INFOS PARENTS

© Phovoir

En quoi consiste l'enseignement de l'anglais en 5e au collège ? • Quelle est la part de l'oral ? • Quelle aide pouvez-vous, en tant que parent, fournir à votre enfant à la maison ? • Comment pratiquer l'anglais en dehors du collège ?
Voilà autant de questions que vous vous êtes sans doute déjà posées et auxquelles ce supplément « Infos parents » tente d'apporter des réponses, les plus précises possible.

Pourquoi et comment apprend-on l'anglais au collège ?

Parler l'anglais est de plus en plus une nécessité dans la vie professionnelle ou privée. Dans ce contexte, la langue fait le plus souvent l'objet d'une initiation à l'école primaire. Ce premier apprentissage est solidement étayé au collège selon des objectifs et méthodes qui font référence au CECRL.

Qu'est-ce que le CECRL ?

L'apprentissage des langues en France est organisé selon les objectifs et méthodes du CECRL (Cadre européen commun de référence pour les langues), un cadre créé par le conseil de l'Europe en 2001, qui définit, pour l'ensemble des pays membres, une même base pour la conception des programmes et des diplômes, ainsi que des niveaux d'évaluation communs.

Les deux principaux axes sont les suivants :

- tout l'apprentissage est organisé autour de cinq grandes activités de communication langagière (voir ci-dessous) ;
- les compétences linguistiques (grammaticales, lexicales, phonologiques) et culturelles visent à la réalisation de tâches.

Les activités langagières

L'apprentissage s'organise autour de cinq types d'activités.

Écouter et comprendre

L'élève s'entraîne à distinguer les sons, les rythmes, les intonations de la langue parlée et à saisir le sens global d'un énoncé oral.

Lire

Les tâches proposées à l'élève doivent lui permettre d'avancer dans la compréhension d'un document écrit informatif ou narratif.

Réagir et dialoguer

L'élève doit être en mesure de participer à une conversation. Les activités portent sur des situations de la vie quotidienne ou font aussi appel à l'imaginaire.

Parler en continu

Dans la prise de parole en continu, les énoncés sont plus complets et la production de l'élève, plus complexe que dans l'expression orale en interaction.

Écrire et réagir à l'écrit

Le travail d'expression écrite se caractérise par des activités courtes et fréquentes. Il s'agit d'apprendre à construire des énoncés simples mais cohérents.

Les niveaux de maîtrise de la langue

Le CECRL distingue différents niveaux de maîtrise de la langue : A1-A2 / B1-B2 / C1-C2. La lettre A indique que l'élève a acquis un

niveau d'utilisateur « élémentaire » ; la lettre B, un niveau « avancé » ; la lettre C, un niveau « autonome ».
Au cycle 4, l'élève progresse en LV1 vers le niveau A2 pour toutes les activités et le niveau B1 pour deux d'entre elles.
En LV2, il devra atteindre le niveau A2 dans au moins deux activités.

Les contenus culturels

S'appuyant sur des documents authentiques, l'étude de la langue donne accès aux cultures et aux réalités de différents pays anglophones. La découverte de ces pays s'accompagne de l'acquisition de repères spatio-temporels (géographie, histoire…). Elle prépare l'enfant à des expériences à l'étranger.

Comment interpréter les mentions « A1 » ou « A2 » ?

En LV1, le niveau A1 est acquis et l'élève se perfectionne pour atteindre le niveau A2 dans toutes les compétences. En LV2, c'est un niveau de découverte qui vise le niveau A1.

Niveau A1

Votre enfant peut comprendre et utiliser des expressions familières et quotidiennes.
Il doit savoir saluer et prendre congé, remercier, se présenter ou présenter quelqu'un. Il est capable de poser à une personne des questions la concernant ou lui demander de ses nouvelles.
Il peut repérer quelques mots et expressions concernant des éléments culturels très connus.
Il doit savoir exprimer ses goûts, parler du temps qu'il fait…

Niveau A2

Votre enfant apprend à se présenter de manière plus précise. Il peut demander et donner des informations en relation avec son environnement habituel (un repas, un itinéraire, des achats, des horaires…).
Il sait relater un événement, évoquer quelques éléments de pays anglophones.
Il peut exprimer ses opinions, faire des suggestions, accepter ou refuser une proposition…
Il quitte le « niveau de découverte » pour entrer dans le « niveau de survie ».

Comment se déroule un cours d'anglais ?

Vous trouverez ci-dessous la description d'un cours type. Cependant il existe de nombreux usages qu'il serait difficile de présenter dans leur diversité.

Pour démarrer

Après les salutations d'usage (en anglais), l'enseignant démarre avec quelques « rituels de classe » : en premier lieu, l'appel (*Who's missing today?*), puis le plus souvent un *small talk* permettant de parler du temps qu'il fait, de donner des nouvelles des élèves, présents ou absents.
S'ensuit un contrôle des connaissances portant sur la trace écrite du cours précédent.

La nouvelle leçon

On aborde ensuite la nouvelle leçon qui se fait essentiellement à l'oral avec des supports les plus authentiques possibles, représentant de vraies situations de communication.

Une partie des phrases produites par les élèves est notée au tableau. Ces phrases sont répétées plusieurs fois, ce qui permet en particulier de travailler la prononciation, et certaines font l'objet d'une « pratique raisonnée de la langue » pendant laquelle on pourra observer des points de grammaire et donner, en français à ce stade du cours, toutes les explications nécessaires à une bonne compréhension. Pour finir, les élèves recopient la leçon du tableau.

Quel travail doit-il faire à la maison ? Comment l'aider ?

L'enseignant d'anglais donne toujours une « leçon » à apprendre, un « travail » à faire pour le cours suivant. Cette tâche est précisée sur le cahier de textes. Vérifiez que votre enfant l'a notée, car il est difficile de progresser sans un travail régulier !

Le travail en phase d'apprentissage

En quoi consiste le travail ?

L'essentiel du travail en anglais (*homework*) consiste à mémoriser la leçon du cahier (la trace écrite) et à s'entraîner à bien la prononcer en l'apprenant à voix haute.
Cependant votre enfant aura parfois des exercices écrits consistant par exemple à réutiliser des acquis grammaticaux, à préparer des questions à poser aux camarades.... De temps en temps également, il devra apprendre par cœur un dialogue pour le jouer devant la classe, un poème très court ou une chanson.

Comment l'aider ?

Aidez-le surtout à apprendre ses leçons. Les enfants ont en effet souvent tendance à se contenter d'un apprentissage très approximatif. Donnez-lui d'abord quelques minutes pour apprendre sa leçon tout seul, toujours à voix haute. Interrogez-le ensuite : vous pouvez, par exemple, choisir quelques mots au hasard et lui demander de vous les traduire.
Lors de la réalisation d'un exercice, poussez-le à consulter le lexique ou à se reporter à sa leçon s'il rencontre une difficulté.
Encouragez-le toujours en le persuadant qu'il va y arriver.

La préparation d'un contrôle

S'il a travaillé régulièrement, cette préparation ne doit pas prendre beaucoup de temps (à condition de rester concentré !). Elle consiste à relire les différents contenus du manuel et du cahier, à refaire les exercices. Le cahier Chouette sera utilisé en complément afin de reprendre certains points de grammaire.

Comment pratiquer l'anglais en dehors du collège ?

Pour améliorer son anglais, votre enfant doit essayer de pratiquer la langue à chaque fois que c'est possible. C'est en prenant l'habitude de parler anglais et en y prenant du plaisir qu'il progressera véritablement. Voici quelques suggestions.

Regarder des films en VO

Regarder des films ou des séries anglo-saxonnes en version originale est un excellent moyen d'améliorer son anglais. Proposez à votre enfant de visionner ses films favoris en anglais, une première fois avec les sous-titres en français, puis une seconde fois avec les sous-titres en anglais.

Écouter les chansons de ses chanteurs favoris

C'est un plaisir pour votre enfant d'écouter ses chanteurs anglais ou américains préférés et de rechanter leurs chansons. Laissez-le faire... Sans s'en rendre compte, il apprend à placer correctement l'accent et à employer la bonne intonation. Par ailleurs, il cherche à comprendre les paroles, ce qui est un bon moyen d'enrichir son vocabulaire.

Lire des textes courts

Dès le collège, les élèves sont tout à fait capables de lire une nouvelle en anglais.
Voici quelques pistes :

- la collection « Paper planes teens » (Didier) propose de courts romans anglo-saxons contemporains, spécialement conçus pour des adolescents apprenant l'anglais, avec une version audio (www.paperplanesteens.fr/) ;
- la collection « Lire en anglais » du Livre de Poche propose des textes avec des notes,

rédigées en anglais, qui dispenseront votre enfant d'avoir recours à un dictionnaire ;
- Pocket « Langues pour tous » propose des romans et des nouvelles en version bilingue, mais également des scénarios de films en anglais.

Lire des journaux ou magazines

Il existe également des magazines spécialement conçus pour les élèves, permettant de lire des contenus variés et de développer son vocabulaire :

- Play Bac propose *My weekly*, un supplément hebdomadaire à ses quotidiens *Mon Quotidien* et *L'actu* : à lire et à écouter chaque semaine (www.playbac.fr/myweekly/) ;
- Aux « collégiens qui veulent prendre de l'assurance en anglais », Bayard presse propose *I love English* (12-15 ans ; 10 numéros par an + CD audio).

Ressources Internet et applications

Les sites

Internet offre une large gamme d'outils qui aident à améliorer son anglais avec plaisir.
Voici une petite sitographie :

- BBC Learning English : www.bbc.co.uk/learningenglish/ offre de nombreuses et intéressantes ressources pour s'entraîner ;
- You Tube : www.youtube.com/ permet de visionner de nombreuses vidéos en anglais : reportages, interviews, TV shows…

Les applications

Si votre enfant dispose d'un smartphone ou d'une tablette, vous pouvez également consulter l'offre des « appstores » qui s'enrichit tous les mois en nouvelles applications éducatives.

Quels sont les avantages d'un séjour linguistique ?

Un séjour dans un pays anglophone offre de nombreux avantages. Il permet à votre enfant de pratiquer l'anglais dans un cadre de vacances, au contact avec de jeunes étrangers. Mais il convient de bien choisir sa formule. D'une manière générale, nous vous conseillons de sélectionner des organismes membres de l'UNOSEL.

Différentes formules

Si votre enfant est âgé de 11 ou 12 ans, privilégiez un séjour court, avec option cours et activités. Notez qu'il existe des formules sport et langues qui allient activités sportives (football, tennis, équitation, etc.) et linguistiques.
Quoi qu'il en soit, il convient de choisir avec soin l'organisme et de bien vérifier les conditions du séjour : déroulement des cours, conditions d'hébergement, nombre d'heures dispensées, activités et excursions proposées, encadrement.

Le correspondant

Un correspondant permet d'échanger à intervalles réguliers. Parfois le contact peut déboucher sur une invitation dans le pays.
Un correspondant peut se trouver grâce à son réseau personnel (c'est l'idéal mais ce n'est pas toujours facile), à l'aide du professeur de langues ou sur un site spécialisé. Nous vous proposons de consulter les sites suivants :

- www.studentsoftheworld.info/ ;
- www.busuu.com/fr vous met en relation avec un réseau d'amis qui parlent anglais. L'inscription est gratuite.

EXPLICATION
Les phrases 3 et 5 ne contiennent pas d'auxiliaire. Elles sont au présent simple. On a donc recours à l'auxiliaire *do* pour construire les questions.

2 **1.** What are your parents doing? – They're reading. • **2.** Whose umbrella is it? – It's Steve's. • **3.** Who are you playing with? – I'm playing with Tom. • **4.** When are they leaving? – Tomorrow.

EXPLICATION
Question 3 : la préposition *with* avec laquelle se construit le verbe *play* est placée après le verbe, aussi bien dans la question que dans la réponse.

3 **1.** They have got <u>two</u> cats.
→ How many cats have they got?
2. This dress is <u>20 pounds</u>.
→ How much is this dress?
3. They play tennis <u>twice a week</u>.
→ How often do they play tennis?
4. It's <u>Andy's</u> coat.
→ Whose coat is it?

4 **1.** What are you looking at? I am looking at a painting. • **2.** What are you waiting for? I am waiting for the bus. • **3.** What are you listening to? I am listening to dance music. • **4.** Where do you come from? I come from Italy.

EXPLICATION
Toutes les questions présentent la même construction : mot interrogatif + auxiliaire + sujet + verbe suivi de la préposition qui l'accompagne.

25 Les phrases réduites

1 **1.** Thomas is very intelligent, isn't he? • **2.** He can speak a lot of foreign languages, can't he? • **3.** He never disobeys his parents, does he? • **4.** He runs very quickly, doesn't he? • **5.** He won the semi-marathon last September, didn't he? • **6.** He has got a beautiful voice, hasn't he? • **7.** He will be famous one day, won't he?

EXPLICATION
Phrase 3 : la 1re partie de la phrase est négative puisqu'elle contient *never*. Le *question tag* ne doit donc pas contenir de négation.

2 **1.** John can't play the guitar, but Joe can.
2. Bob wrote some letters, but Joe didn't.
3. Maureen didn't like the film, but Joe did.
4. Susan won't listen to you, but Joe will.
5. Kathy lives in a big city, but Joe doesn't.

EXPLICATION
Whereas est souvent employé, tout comme *but*, pour exprimer un contraste.

3 **1.** Do they like tea? – Yes, they do. • **2.** Will she be ready at five? – No, she won't. • **3.** Did they call you? – No, they didn't. • **4.** Can you drive? – Yes, I can. • **5.** Does she play tennis? – No, she doesn't.

EXPLICATION
Phrase 2 : la forme contractée de *will not* est *won't*.

26 Les phrases exclamatives

1 **1.** This car is too expensive.
→ How expensive it is!
2. These trousers are too short.
→ How short they are!
3. This motorbike is too dangerous.
→ How dangerous it is!
4. This bag is too heavy.
→ How heavy it is!
5. These exercises are too difficult.
→ How difficult they are!

2 **1.** How nice they are!
→ They are so nice!
2. How funny this cartoon is!
→ This cartoon is so funny!
3. How interesting the film was!
→ The film was so interesting!
4. How early he gets up! → He gets up so early!
5. How slowly John eats! → John eats so slowly!

EXPLICATION
Dans ces phrases, l'exclamation porte soit sur un adjectif, soit sur un adverbe. Le schéma est : sujet + verbe + *so* + adjectif ou adverbe.

3 **1.** What a marvellous singer! • **2.** How handsome he is! • **3.** What beautiful eyes he has got! • **4.** His songs are so nice! • **5.** He sings so well! • **6.** But, he is married: What a pity!

EXPLICATION
Phrase 6 : il s'agit d'une exception. Bien que *pity* soit un indénombrable, on utilise *what a* dans cette expression.

4 **1.** dress / expensive
→ What an expensive dress! This dress is so expensive!
2. hat / ridiculous
→ What a ridiculous hat! This hat is so ridiculous!
3. singer / famous
→ What a famous singer! This singer is so famous!
4. country / hot
→ What a hot country! This country is so hot!
5. man / strange
→ What a strange man! This man is so strange!

EXPLICATION
▸ Lorsque l'exclamation porte sur le groupe nominal, toutes les phrases commencent par *what a/an* + dénombrable au singulier.
▸ Lorsque l'exclamation porte sur l'adjectif, on a la même construction que dans l'exemple : sujet + verbe *be* + *so* + adjectif.

27 Les subordonnées relatives

1 **1.** He broke a vase which was expensive. • **2.** Look at the cassette which is on the desk. • **3.** Bill wants to go to a university which is in California. • **4.** Mr Brown is the man who lives next door. • **5.** The woman who wrote this book is my teacher. • **6.** My nephew, who is a musician, is giving a concert tomorrow. • **7.** Show me the cupboard which is broken. • **8.** The people who live next door are really very kind. • **9.** He took the chair which was in the middle of the room. • **10.** I'd like to talk to the girl who told you that.

EXPLICATION
Dans toutes ces phrases sauf dans la phrase 6, la relative est déterminative : on pourrait donc employer *that* à la place de *who* et *which*.

2 **1.** I ate some cakes. They were very good.
→ I ate some cakes which were very good.
2. Look at the man. He is painting.
→ Look at the man who is painting.
3. I read a book. It was very interesting.
→ I read a book which was very interesting.
4. We went to a party. It was pleasant.
→ We went to a party which was pleasant.
5. We bought a car. It is very comfortable.
→ We bought a car which is very comfortable.

3 **1.** The woman who is waiting for the bus is my teacher. • **2.** I don't like the dress which she is wearing today. • **3.** The journalist who wrote this article is American. • **4.** The film which I saw yesterday was a western. • **5.** The girl who gave you this CD is very nice.

EXPLICATION
Les pronoms relatifs des phrases 2 et 4 peuvent être sous-entendus car les relatives sont déterminatives et les pronoms sont compléments et non sujets (le sujet de la relative de la phrase 2 est *she* et celui de la relative de la phrase 4 est *I*).

4

We'll take the train •		• is running?
I know a man •		• was delicious.
I've got a ring •	who	• are in the vase.
Look at the flowers •		• I bought in China.
I know a girl •		• I read yesterday.
My mother made a cake •	which	• lost her bag at school.
Do you know the man •		• can speak five languages.
I don't like the book •		• comes from Brighton.

1. We'll take the train which comes from Brighton. • **2.** I know a man who can speak five languages. • **3.** I've got a ring which I bought in China. • **4.** Look at the flowers which are in the vase. • **5.** I know a girl who lost her bag at school. • **6.** My mother made a cake which was delicious. • **7.** Do you know the man who is running? • **8.** I don't like the book which I read yesterday.

EXPLICATION
Le choix du pronom relatif ne dépend pas ici de sa fonction (sujet ou complément), mais de son antécédent (animé ou non).

Les podcasts audio

INFOS PARENTS

▸ Avec ce cahier, votre enfant peut accéder à un **entraînement interactif à la compréhension orale** sur le site www.hatier-entrainement.com.

▸ **Le travail sur chaque podcast se déroule en trois étapes :**

1. Votre enfant écoute le dialogue autant de fois qu'il le souhaite.

2. Il teste sa compréhension avec le quiz.

3. À la fin, il peut afficher le script du podcast, ainsi que sa traduction.

▸ Nous reproduisons ci-dessous les scripts des podcasts, avec leur traduction.

▸ Notez que vous pouvez **télécharger l'ensemble de ces dialogues** ainsi que **tous les corrigés sonorisés**. Le répertoire contenant tous les sons du cahier est disponible sur le site www.editions-hatier.fr (plus de précisions sur la page 3 du cahier).

1. Pets

Thème : have got

Ted and Ben are talking about pets.

BEN: Do you like animals, Ted?

TED: Yes, I do. I love animals.

BEN: I love them too. I've got two dogs, three cats and a rabbit. Have you got a dog?

TED: No, I can't have one because my mother is afraid of dogs.

BEN: Oh, I see. Have you got a cat?

TED: No, I haven't. My brother is afraid of cats.

BEN: So, what have you got?

TED: I've got a big teddy bear.

TRADUCTION

Les animaux de compagnie

BEN : Aimes-tu les animaux, Ted ?

TED : Oui. J'adore les animaux.

BEN : Je les aime beaucoup aussi. J'ai deux chiens, trois chats et un lapin. As-tu un chien ?

TED : Non, je n'en ai pas car ma mère a peur des chiens.

BEN : Oh, je vois. As-tu un chat ?

TED : Non. Mon frère a peur des chats.

BEN : Quel animal as-tu alors ?

TED : J'ai un gros ours en peluche.

2. A big omelette

Thème : some, any, no

Peter and Kate are preparing dinner.

PETER: Let's have a big omelette for dinner. I'm very hungry.

KATE : Good idea! I'm very hungry too. Is there any cheese?

PETER: Yes, there is some very good cheese in the fridge.

KATE: Have we got any mushrooms?

PETER: Yes, we've got some in a basket on the kitchen table.

KATE: Good! The omelette is going to be delicious! Where is the frying pan?

PETER: It's in the cupboard, on the left.

KATE: Could you give me the eggs, please?

PETER: Oh, dear! I don't think we've got any eggs!

TRADUCTION

Une grosse omelette

PETER : Faisons une grosse omelette pour le dîner. J'ai très faim.

KATE : Bonne idée ! J'ai très faim aussi. Y a-t-il du fromage ?

PETER : Oui, il y a du très bon fromage dans le réfrigérateur.

KATE : Avons-nous des champignons ?

PETER : Oui, dans le panier sur la table de la cuisine.

KATE : Super ! L'omelette va être délicieuse. Où est la poêle ?

PETER : Elle est dans le placard, à gauche.

KATE : Pourrais-tu me donner les œufs, s'il te plaît ?

PETER : Oh, zut ! Je crois que nous n'avons pas d'œufs !

3. At the bookshop

Thème : le présent simple

John is at the bookshop; he is talking to the shop-assistant.

JOHN: Good morning. I'd like to buy a book for my friend's birthday.

SHOP-ASSISTANT: How old is your friend?

JOHN: He's 12 years old.

SHOP-ASSISTANT: Does he read a lot?

JOHN: Yes, he does. He's a very good reader.

SHOP-ASSISTANT: Does he like science-fiction books?

JOHN: No, he doesn't. He prefers fantasy stories; I know he enjoys reading Harry Potter in bed and he likes detective novels too.

SHOP-ASSISTANT: Why don't you buy a Sherlock Holmes book, then?

JOHN: Good idea! Elementary! Thank you for your help.

TRADUCTION

À la librairie

JOHN : Bonjour. Je voudrais acheter un livre pour l'anniversaire de mon ami.

LA VENDEUSE : Quel âge a votre ami ?

JOHN : Il a 12 ans.

LA VENDEUSE : Est-ce qu'il lit beaucoup ?

JOHN : Oui. C'est un très bon lecteur.

LA VENDEUSE : Aime-t-il les livres de science-fiction ?

JOHN : Non, il préfère les histoires fantastiques ; je sais qu'il aime beaucoup lire *Harry Potter* dans son lit et qu'il apprécie également les romans policiers.

LA VENDEUSE : Eh bien, alors pourquoi ne pas acheter un Sherlock Holmes ?

JOHN : Bonne idée ! Élémentaire ! Merci pour votre aide.

4. TV programmes

Thème : parler de ses goûts

Susie and Lisa are talking about TV programmes.

LISA: What are your favourite programmes, Susie? Do you like horror films?

SUSIE: No, I don't. I think they're too scary.

LISA: Do you prefer detective films?

SUSIE: Oh, no! I think they're too violent.

LISA: What about documentaries?

SUSIE: I hate them. They're so boring!

LISA: Do you enjoy watching sports on TV?

SUSIE: No, I don't watch sports; I prefer playing sports.

LISA: So what do you enjoy watching on TV?

SUSIE: I never watch TV. We haven't got a TV set!

TRADUCTION

Les programmes de télévision

LISA : Quels sont tes programmes favoris, Susie? Aimes-tu les films d'horreur?

SUSIE : Non, je les trouve trop effrayants.

LISA : Préfères-tu les films policiers ?

SUSIE : Oh, non ! Je les trouve trop violents.

LISA : Et que dis-tu des documentaires ?

SUSIE : Je les déteste. Ils sont si ennuyeux !

LISA : Aimes-tu regarder le sport à la télé ?

SUSIE : Non, je n'aime pas regarder le sport ; je préfère le pratiquer.

LISA : Alors qu'aimes-tu regarder ?

SUSIE : Je ne regarde jamais la télévision. Nous n'avons pas de poste de télé !

5. Good at sports

Thème : dire ce qu'on sait faire

Fiona and Simon are talking about sports.

SIMON: Are you good at sports, Fiona?

FIONA: Yes, I am. I'm very sporty.

SIMON: How well can you play tennis?

FIONA: I can play tennis very well. I'm the best tennis player of my school.

SIMON: Can you ski?

FIONA: Yes, I can ski quite well. I go to the mountains every year with my parents and my brothers.

SIMON: Can you ride a horse and eat chocolate at the same time?

FIONA: No, I can't.

SIMON: Why not? Is it too difficult?

FIONA: I hate chocolate!

TRADUCTION

Bonne en sport

SIMON : Es-tu bonne en sport, Fiona ?

FIONA : Oui, je suis très sportive.

SIMON : Quel est ton niveau au tennis ?

FIONA : Je joue très bien au tennis. Je suis la meilleure joueuse de mon école.

SIMON : Sais-tu skier ?

FIONA : Oui, je skie plutôt bien. Je vais à la montagne tous les ans avec mes parents et mes frères.

SIMON : Peux-tu monter à cheval tout en mangeant du chocolat ?

FIONA : Non, je ne peux pas.

SIMON : Pourquoi ? Est-ce trop difficile ?

FIONA : Je déteste le chocolat !

6. Merry Christmas!

Thème : exprimer le futur

Billy and Audrey are on the phone, talking about Christmas.

BILLY: Hello Audrey! Merry Christmas!

AUDREY: Thank you. Happy Christmas to you and your family!

BILLY: What are you going to do this afternoon?

AUDREY: My parents gave me a beautiful pair of skating boots as a Christmas present. I think I'm going to go to the ice-rink with my cousin. What about you?

BILLY: I'm going to have a picnic on the beach with my parents and my best friend, Whitney.

AUDREY: A picnic on the beach! On Christmas day! You'll be freezing!

BILLY: Don't forget I live in Sydney now and the seasons are reversed. It's summer in Australia!

TRADUCTION

Joyeux Noël !

BILLY : Salut Audrey ! Joyeux Noël !

AUDREY : Merci. Joyeux Noël à toi et à toute ta famille !

BILLY : Que fais-tu cet après-midi ?

AUDREY : Mes parents m'ont offert une belle paire de patins à glace. Je pense que je vais aller à la patinoire avec mon cousin. Et toi ?

BILLY : Je vais pique-niquer sur la plage avec mes parents et ma meilleure amie, Whitney.

AUDREY : Un pique-nique sur la plage ! Le jour de Noël ! Tu vas être gelée !

BILLY : N'oublie pas que j'habite à Sydney à présent et que les saisons sont inversées. C'est l'été en Australie !

7. Let's play table tennis!

Thème : proposer, questionner

Jenny and Marlon are going to play table tennis.

MARLON: Hello, Jenny. What do you want to do this afternoon?

JENNY: Hello, Marlon. Let's play table tennis.

MARLON: Why not? I can see the rackets but where are the balls?

JENNY: Have a guess. Try to find them.

MARLON: Are they in the house or in the garden?

JENNY: They're in the house but they're not in my room.

MARLON: Are they in your sister's room?

JENNY: No, they aren't. She never lets me go into her room.

MARLON: They're not in the living room, are they?

JENNY: Yes, they are. They're under your chair!

TRADUCTION

Jouons au ping pong !

MARLON : Salut, Jenny. Que veux-tu faire cet après-midi ?

JENNY : Salut, Marlon. Si on jouait au ping-pong ?

MARLON : Pourquoi pas ? Je vois bien les raquettes mais où sont les balles ?

JENNY : Devine. Essaye de les trouver.

MARLON : Est-ce qu'elles sont dans la maison ou dans le jardin ?

JENNY : Elles sont dans la maison mais elles ne sont pas dans ma chambre.

MARLON : Est-ce qu'elles sont dans la chambre de ta sœur ?

JENNY : Non. Elle ne me laisse jamais entrer dans sa chambre.

MARLON : Elles ne sont pas dans le séjour, n'est-ce pas ?

JENNY : Si, elles sont sous ta chaise !

8. What do you want to do?

Thème : proposer, refuser

Nick and Betty are choosing an activity.

NICK: We're very lucky! The weather is beautiful. Why don't we go to the swimming-pool?

BETTY: Oh, no! It's too hot! I don't want to get sunburnt.

NICK: What about playing tennis, then?

BETTY: I haven't got my sunglasses. I don't want to play tennis with the sun in my eyes.

NICK: We could go jogging in the park and have a picnic.

BETTY: I don't want to. I never go jogging in summer and I hate picnics!

NICK: Anyway, it's too late! It's raining now. We're going to spend the afternoon in the living room and watch TV.

TRADUCTION

Que veux-tu faire ?

NICK : Nous avons de la chance ! Il fait beau. Pourquoi ne pas aller à la piscine ?

BETTY : Oh, non ! Il fait trop chaud ! Je ne veux pas attraper de coups de soleil.

NICK : Que dirais-tu de jouer au tennis, alors ?

BETTY : Je n'ai pas mes lunettes de soleil. Je ne veux pas jouer au tennis avec le soleil dans les yeux.

NICK : Nous pourrions aller courir dans le parc et pique-niquer.

BETTY : Je n'ai pas envie. Je ne cours jamais en été et je déteste les pique-niques !

NICK : De toute façon, c'est trop tard ! Il pleut maintenant. Nous allons passer l'après-midi dans le salon à regarder la télé.

9. I'm sorry!

Thème : s'excuser

Brian is upset because he saw Allison, his new girlfriend, with another boy.

BRIAN: I saw you this morning with another boy. You were holding hands! That's not fair. How could you?

ALLISON: But...

BRIAN: I thought you liked me.

ALISON: Yes of course, but...

BRIAN: You don't know what to say, right?

ALLISON: But it wasn't me, it was Jessica my twin sister!

BRIAN: Oh I'm so sorry! Forgive me!

ALLISON: It's too late, you don't trust me...

BRIAN: Oh please! I apologize. Let's go and have a drink...

TRADUCTION

Je suis désolé !

BRIAN : Je t'ai vue ce matin avec un autre garçon. Vous vous teniez la main ! Ce n'est pas sympa, comment as-tu pu ?

ALLISON : Mais...

BRIAN : Je croyais que tu m'aimais bien.

ALISON : Oui bien sûr, mais...

BRIAN : Tu ne sais pas quoi dire, c'est ça ?

ALLISON : Mais ce n'était pas moi, c'était Jessica, ma sœur jumelle !

BRIAN : Oh Je suis désolé ! Pardonne-moi !

ALLISON : Trop tard, tu ne me fais pas confiance...

BRIAN : S'il te plaît ! Excuse-moi. Allons prendre un verre...

10. Flowers

Thème : remercier

Helen, Lea's mother, loves the flowers she found on the dining room table.

HELEN: These flowers are so beautiful. Thank you so much, Lea.

LEA: Don't thank me Mum, I'm happy you like them.

HELEN: What a bunch! The colours are lovely. It's so kind of you.

LEA: Don't mention it.

HELEN: They must have cost a fortune. Really nice of you.

LEA: Don't worry, I saved some pocket money.

Suddenly, Leo, Lea's brother comes in.

LEO: Hi Mum! Did you like the flowers I bought you?

HELEN: Er... Yes... I was telling your sister how beautiful they are! Thanks a lot.

TRADUCTION

Les fleurs

Helen, la maman de Lea, aime les fleurs qu'elle a trouvées sur la table de la salle à manger.

HELEN : Ces fleurs sont magnifiques. Merci beaucoup, Lea !

LEA : Ne me remercie pas maman, je suis heureuse que tu les aimes.

HELEN : Quel bouquet ! Les couleurs sont splendides. C'est si gentil de ta part.

LEA : Ce n'est rien.

HELEN : Elles ont dû coûter une fortune. C'est vraiment gentil à toi.

LEA : Ne t'inquiète pas, j'avais de l'argent de poche de côté.

Soudain, Leo, le frère de Lea, entre.

LEO : Salut Maman ! Tu as aimé les fleurs que je t'ai achetées ?

HELEN : Euh... Oui... Je disais justement à ta sœur comme elles étaient belles ! Merci beaucoup !

Les expressions clés pour communiquer

Entrer en contact avec quelqu'un

Saluer quelqu'un	
Good morning! Good afternoon! Good evening!	Bonjour ! Bonsoir !
Hello! Hi!	*Plus familier.*
How are you?	Comment allez-vous ? Comment vas-tu ?
I'm fine, thank you.	Je vais bien, merci.
Nice to see you. Nice to meet you. Glad to meet you. Pleased to meet you.	Enchanté(e), ravi(e) de faire votre connaissance.
How do you do?	*Pour une personne qu'on rencontre la première fois. On répond avec la même formule.*

Prendre congé de quelqu'un	
Goodbye!	Au revoir !
Bye bye!	Salut !
See you! See you later!	À bientôt !
See you tomorrow!	À demain !

Faire les présentations	
This is Mr Johnson.	Voici monsieur Johnson.
I'd like you to meet Mr Johnson.	J'aimerais vous présenter monsieur Johnson.
Have you met Mr Johnson?	Connaissez-vous monsieur Johnson ?

Remercier quelqu'un	
Thank you. Thanks.	Merci.
Thank you very much.	Merci beaucoup.
No, thanks.	Non merci.
Nice of you. Kind of you.	C'est gentil à vous.
Don't mention it. You're welcome.	De rien, je vous en prie. *Emploi moins systématique qu'en français.*

Présenter ses excuses	
Sorry! I'm sorry!	Pardon. Excusez-moi. Je suis désolé(e).

Présenter ses vœux	
Happy birthday!	Bon anniversaire !
Merry Christmas! Happy Christmas!	Joyeux Noël !
I wish you a merry Christmas!	Je te souhaite un joyeux Noël !
I wish you luck.	Je te souhaite bonne chance !

Influencer quelqu'un

Exprimer un désir	
I want to play tennis.	Je veux jouer au tennis.
I would like to travel alone. I'd like to travel alone.	J'aimerais voyager seul.
I want him to play the piano.	Je veux qu'il joue du piano.
I'd love to go swimming.	J'aimerais beaucoup aller nager.

Formuler une demande	
Could you lend me your book?	Pourriez-vous me prêter votre livre ?
Would you be kind enough to lend me your book?	Auriez-vous la gentillesse/l'amabilité de me prêter votre livre?
Would you mind opening the window?	Est-ce que cela vous dérangerait... ? (would you mind + V-ing)

Suggérer quelque chose, pour inciter quelqu'un à faire quelque chose	
What about a cup of tea? What about going to the theatre? How about a cup of tea? How about going to an exhibition?	Que diriez-vous de... ? (what about, how about + *nom ou* V-ing)
Why don't we go to the beach?	Si nous allions à la plage ? (why don't we... + *infinitif sans* to)
We could go to the beach.	Nous pourrions aller à la plage.
Let's go to the beach.	Allons donc à la plage.

Donner un conseil	
You should go to the doctor's. You shouldn't speak so loud.	Tu devrais aller chez le médecin. Tu ne devrais pas parler si fort.
You'd better hurry; it's late.	Tu ferais mieux de te dépêcher ; il est tard. (you had better + *infinitif sans* to)
I advise you to lock the door.	Je te conseille de verrouiller la porte.
Take my advice and go out for a walk.	Suis mon conseil, va te promener.

Exprimer l'obligation, donner un ordre, interdire	
You must finish your homework. You have to finish your homework.	Tu dois finir tes devoirs.
I need to see you now.	J'ai besoin de te voir maintenant.
Sit down!	*Verbe à l'impératif.*
Will you stop talking!	*Avec* will you *: forme atténuée.*
You mustn't walk on the grass. You're not allowed to walk on the grass. It's forbidden to walk on the grass.	Il est interdit de marcher sur la pelouse.

Demander ou accorder une permission	
Can I use your phone? May I use your phone?	Puis-je utiliser votre téléphone ? (may *plus poli que* can)

Donner son opinion

Exprimer un avis personnel	
In my opinion... To my mind...	À mon avis...
I feel that... I have the feeling that...	J'ai le sentiment que...
I think that... I believe that...	Je pense que...
I wonder whether/if...	Je me demande si...

Exprimer son accord	
Yes, of course!	Oui, bien sûr !
All right!	D'accord !
I agree with you. I quite agree.	Je suis (complètement) d'accord.
I think so.	Je suis du même avis.
That's quite true!	C'est tout à fait vrai.
I think she is right.	Je pense qu'elle a raison.

Exprimer son désaccord	
Not at all.	Pas du tout.
Certainly not.	Certainement pas.
That's silly!	C'est stupide !
I disagree with you. I don't agree at all.	Je ne suis pas (du tout) d'accord.
I think she is wrong.	Je pense qu'elle a tort.

Dire que l'on n'apprécie pas	
I don't like being late. I don't like your attitude. I dislike your attitude.	Je n'aime pas... (I don't like / dislike + *nom ou* V-ing)
I hate getting up early.	Je déteste me lever tôt.
It looks terrible. It smells bad. It sounds awful.	Ça a l'air... (to look, taste, sound + *adjectif*)
How awful, horrible, disgusting! It's so terrible!	*Phrases exclamatives.*

Parler de ce qu'on préfère	
I like it better.	C'est ce que je préfère.
I like it best.	C'est ce que j'aime le mieux.
Which one would you like?	Lequel voudrais-tu ?
This one or that one?	Celui-ci ou celui-là ?
I'd rather go with you.	Je préférerais aller avec vous.

Exprimer l'indifférence	
I don't mind. I don't care.	Ça m'est égal.
Who cares?	Peu importe !
Never mind!	Ça n'a pas d'importance !
If you like.	Si tu veux.
Why not?	Pourquoi pas ?

Tableaux récapitulatifs de grammaire

Les pronoms personnels

		sujets	compléments	réfléchis
1re pers. du singulier		I	me	myself
2e pers. du singulier		you	you	yourself
3e pers. du singulier	**masculin**	he	him	himself
	féminin	she	her	herself
	neutre	it	it	itself
1re pers. du pluriel		we	us	ourselves
2e pers. du pluriel		you	you	yourselves
3e pers. du pluriel		they	them	themselves

Les mots interrogatifs

On utilise...	lorsque la question porte sur...	Exemples
what	une chose l'activité de quelqu'un	What do you like? What is he doing?
who	une personne	Who works in Paris? Who do you call every day?
whose	l'appartenance	Whose car is it?
which	le choix	Which dress do you prefer? Which girl is coming with me?
when	le temps	When do you play tennis?
where	le lieu	Where do you live?
why	la cause	Why is he late?
what... for	le but	What are you going to the post office for?
what... like	l'aspect	What is your teacher like?
how	la manière	How do you make this cake?
how much *(seul ou suivi d'un indénombrable)*	le prix la quantité	How much is it? How much time have you got?
how many *(+ dénombrable)*	la quantité	How many students are there in the classroom?
how old	l'âge	How old are you?
how far	la distance	How far is the station?
how long	la durée	How long does it take to go to the station?
how often	la fréquence	How often do you play tennis?

Les prépositions

Prépositions	Exemples
about	What is the text **about**? Quel est le sujet du texte ?
across	The man is swimming **across** the river. L'homme traverse la rivière à la nage.
after	I'll call you **after** lunch. Je t'appellerai après le déjeuner.
against	The ladder is **against** the wall. L'échelle est contre le mur.
along	He's walking **along** the beach. Il marche le long de la plage.
at	She is **at** the bus-stop. Elle est à l'arrêt d'autobus. They are leaving **at** ten. Ils partent à 10 heures.
before	She had dinner **before** six. Elle a dîné avant six heures.
behind	The schoolbag is **behind** the door. Le cartable est derrière la porte.
between	The lamp is **between** the books and the plants. La lampe est entre les livres et les plantes.
by	He is coming **by** train. Il vient en train.
during	He laughed a lot **during** the concert. Il a beaucoup ri pendant le concert.
for	These cakes are **for** Bill. Ces gâteaux sont pour Bill. She slept **for** two hours. Elle a dormi pendant deux heures.
from	My friend comes **from** New York. Mon ami vient de New York.
in	The bird is **in** the cage. L'oiseau est dans la cage.
in front of	The moped is **in front of** the bus. La moto est devant le bus.
into	The cat is going **into** the garage. Le chat entre dans le garage.
like	He swims **like** his brother. Il nage comme son frère.
near	The library is **near** the school. La bibliothèque est à côté de l'école.
of	She is having a cup **of** coffee. Elle prend une tasse de café.
on	The hat is **on** the sofa. Le chapeau est sur le canapé.
out of	The boy is going **out of** the room. Le garçon sort de la pièce.
past	It's half **past** two. Il est deux heures et demie.
through	The boy is running **through** the trees. Le garçon court à travers les arbres.
to	He is going **to** the park. Il va au parc.
under	The shoe is **under** the bed. La chaussure est sous le lit.
until	He worked **until** midnight. Il a travaillé jusqu'à minuit.
with	Come **with** me. Viens avec moi.

Liste des verbes irréguliers

	BASE VERBALE	PRÉTÉRIT	PARTICIPE PASSÉ	SENS
B	be	was/were	been	*être*
	become	became	become	*devenir*
	begin	began	begun	*commencer*
	break	broke	broken	*casser*
	bring	brought	brought	*apporter*
	build	built	built	*construire*
	burn	burnt	burnt	*brûler*
	buy	bought	bought	*acheter*
C·D	catch	caught	caught	*attraper*
	choose	chose	chosen	*choisir*
	come	came	come	*venir*
	cost	cost	cost	*coûter*
	cut	cut	cut	*couper*
	do	did	done	*faire*
	draw	drew	drawn	*dessiner*
	dream	dreamt	dreamt	*rêver*
	drink	drank	drunk	*boire*
	drive	drove	driven	*conduire*
E·F	eat	ate	eaten	*manger*
	fall	fell	fallen	*tomber*
	feel	felt	felt	*(se) sentir*
	fight	fought	fought	*se battre*
	find	found	found	*trouver*
	fly	flew	flown	*voler (s'envoler)*
	forbid	forbade	forbidden	*interdire*
	forget	forgot	forgotten	*oublier*
G·H·K	get	got	got	*devenir, obtenir*
	give	gave	given	*donner*
	go	went	gone	*aller*
	grow	grew	grown	*grandir, pousser*
	have	had	had	*avoir*
	hear	heard	heard	*entendre*
	hide	hid	hidden	*(se) cacher*
	hold	held	held	*tenir*
	keep	kept	kept	*garder*
	know	knew	known	*savoir, connaître*

L·M·O·P	learn	learnt	learnt	*apprendre*
	leave	left	left	*quitter, partir, laisser*
	let	let	let	*permettre, laisser*
	lie	lay	lain	*être allongé*
	lose	lost	lost	*perdre*
	make	made	made	*faire*
	mean	meant	meant	*vouloir dire, signifier*
	meet	met	met	*(se) rencontrer*
	overtake	overtook	overtaken	*dépasser*
	pay	paid	paid	*payer*
	put	put	put	*mettre*
R·S·T·U	read	read	read	*lire*
	ride	rode	ridden	*aller à cheval, à vélo*
	ring	rang	rung	*sonner, téléphoner*
	run	ran	run	*courir*
	say	said	said	*dire*
	see	saw	seen	*voir*
	sell	sold	sold	*vendre*
	send	sent	sent	*envoyer*
	shine	shone	shone	*briller*
	show	showed	shown	*montrer*
	shut	shut	shut	*fermer*
	sing	sang	sung	*chanter*
	sit	sat	sat	*être assis*
	sleep	slept	slept	*dormir*
	smell	smelt	smelt	*sentir (odorat)*
	speak	spoke	spoken	*parler*
	stand	stood	stood	*être debout*
	swear	swore	sworn	*jurer*
	sweep	swept	swept	*balayer*
	swim	swam	swum	*nager*
	take	took	taken	*prendre*
	teach	taught	taught	*enseigner*
	tell	told	told	*dire, raconter*
	think	thought	thought	*penser*
	understand	understood	understood	*comprendre*
W	wake (up)	woke (up)	woken (up)	*(se) réveiller*
	wear	wore	worn	*porter (un vêtement)*
	win	won	won	*gagner*
	write	wrote	written	*écrire*